BEI GRIN MACHT SICH IHR
WISSEN BEZAHLT

- Wir veröffentlichen Ihre Hausarbeit,
  Bachelor- und Masterarbeit

- Ihr eigenes eBook und Buch -
  weltweit in allen wichtigen Shops

- Verdienen Sie an jedem Verkauf

Jetzt bei www.GRIN.com hochladen
und kostenlos publizieren

Bibliografische Information der Deutschen Nationalbibliothek:

Die Deutsche Bibliothek verzeichnet diese Publikation in der Deutschen National-
bibliografie; detaillierte bibliografische Daten sind im Internet über http://dnb.d-
nb.de/ abrufbar.

Impressum:

Copyright © 2015 GRIN Verlag, Open Publishing GmbH
Druck und Bindung: Books on Demand GmbH, Norderstedt Germany
ISBN: 9783668263666

Dieses Buch bei GRIN:

http://www.grin.com/de/e-book/336543/reality-tv-und-voyeurismus-die-visuelle-
lust-am-imaginaeren-signifikanten

Stephanie Witt

Reality TV und Voyeurismus. Die visuelle Lust am imaginären Signifikanten Fernsehen

GRIN Verlag

GRIN - Your knowledge has value

Der GRIN Verlag publiziert seit 1998 wissenschaftliche Arbeiten von Studenten, Hochschullehrern und anderen Akademikern als eBook und gedrucktes Buch. Die Verlagswebsite www.grin.com ist die ideale Plattform zur Veröffentlichung von Hausarbeiten, Abschlussarbeiten, wissenschaftlichen Aufsätzen, Dissertationen und Fachbüchern.

Besuchen Sie uns im Internet:

http://www.grin.com/

http://www.facebook.com/grincom

http://www.twitter.com/grin_com

Bachelorarbeit

Die visuelle Lust am imaginären Signifikanten Fernsehen

Eine Untersuchung hinsichtlich der Förderung voyeuristischer Sehsituationen am Beispiel des Reality TV Formats

Lehrstuhl für Digitale und Audiovisuelle Medien

Abgabetermin: 29. November 2015

Vorgelegt von:

Stephanie Witt

Inhaltsverzeichnis

Einleitung

Seit Anfang der 1980er Jahre hat der deutsche Fernsehmarkt im Zuge der Etablierung der privaten Rundfunkveranstalter sowohl inhaltlich als auch ökonomisch enorme Veränderungen erfahren (Vgl. Hall 1997, 21). Während um 1987, sechs Jahre nach der Einführung des dualen Rundfunks, die *ARD* und das *ZDF* noch eine eindeutige Mehrheit der Zuschauermarktanteile besitzen, können sich die privaten Sender *RTL* und *Sat.1* bereits Mitte der 90er Jahre durchsetzen und den Großteil der Marktanteile für sich gewinnen (Vgl. Hall 1997, 72). Untersuchungen der Medienbranche dieser Zeit zufolge, wird, um sich vom eher informations- und kulturorientierten Angebot der *ARD* und des *ZDF* abzuheben, bei den neu entstandenen privaten Sendern vor allem auf Unterhaltung gesetzt (Vgl. Hall 1997, 56-59). Im Gegensatz zum öffentlich-rechtlichen Rundfunk, der durch die Beschränkungen des Kultur- und Programmauftrags zum einen zur objektiven Informationsbereitstellung zu dienen hat und zum anderen eine freie Meinungsbildung fördern soll, sind die privaten Anbieter hinsichtlich der Bestimmungen über ihre Programmauswahl und -gestaltung wesentlich freier (Vgl. Holzer 1989, 22) und scheinen seit ihrer Etablierung das Fernsehpublikum vielmals durch Taktiken der Skandalisierung und Privatisierung für sich gewinnen zu wollen (Vgl. Hall 1997, 74) / (Vgl. Groebel, et al. 1995, 19f.; 79f.). Innerhalb des Berichts zur Lage des Fernsehens aus dem Jahr 1995 schreiben die Autoren:

> Fernsehen wird nicht mehr als »absichtsvolles Fernsehen« betrieben, sondern zielt (in großen Teilen) darauf ab, Zuschauer zu gewinnen und an sich zu binden. Unterhaltungsfernsehen [...] lässt sich deshalb verstärkt auf tabuisierte Inhalte ein, dramatisiert und malt das Gezeigte möglichst grell aus, und schließlich versucht es, möglichst alle im Alltag bedeutenden Emotionen an sich zu binden (Groebel, et al. 1995, 97).

Die ersten größeren Schritte hin zur Emotionalisierung und Privatisierung entstehen durch die Veränderungen des Talkshowformats, dessen Ursprung zwar bereits auf die 50er Jahre zurückzuführen ist, welches mit den privaten Sendern aber eine Abkehr von der Intention der Bereitstellung von Bildung und Information und eine Auslegung auf Unterhaltung erfährt (Vgl. Foltin 1994, 100ff.). Nicht mehr das außergewöhnliche Leben Prominenter sowie gesellschaftlich relevante Themen, sondern der private Alltag, die intimen Gedanken und Belange einzelner Gesellschaftsmitglieder stehen plötzlich im Mittelpunkt der Show. Die Sender holen durch

Talkshows, wie die von *Arabella Kiesbauer*[1], vermehrt gewöhnliche Menschen ins Fernsehen und lassen diese sich zu ihren Lebensproblemen äußern. Der Trend entwickelt sich soweit, dass um die Mitte der 90er Jahre jeden Nachmittag auf den verschiedenen Sendern unterschiedliche Talkshows hinter- und nebeneinander gezeigt werden (Vgl. Hagedorn 2002). Heute scheint die Talkshow weiterentwickelt, wenn nicht sogar ersetzt worden zu sein. Während, wie bereits beschrieben, in den 90er Jahren die nachmittägliche Unterhaltung zum Großteil aus einer Aneinanderreihung dieser Shows sowie um die Jahrtausendwende aus den ersten Doku-Soaps besteht (Vgl. Foltin 1994, 91f.)/ (Vgl. Wolf 2001, 290), entwickeln sich mit dem beginnenden 21. Jahrhundert zunehmend ‚integrative Formen', die unterschiedliche Genres miteinander verbinden und als ‚Hybridgenres' kennzeichnend für das moderne Reality TV sind (Vgl. Mikos 2012, 51).

Bereits gegen Ende der 90er Jahre produzieren die damals neuen Produktionsfirmen *Endemol* und *Pearson* für *RTL* und sogar für die *ARD* Formate wie *Traumhochzeit, Wer wird Millionär* (jeweils *RTL*) und *Herzblatt (ARD)*[2] und lösen somit innerhalb des Bereichs der TV-Unterhaltungs-Produktion eine Veränderung aus. Die Fernsehproduzenten wenden sich von der täglichen Talkshow ab und entwickeln Programminhalte, die Tendenzen des heutigen Reality TV aufweisen (Vgl. Hagedorn 2002). Die Veröffentlichung des Privatlebens ist beim heutigen Reality TV zwar als Grundbaustein geblieben, die Möglichkeiten der Präsentation haben sich allerdings vervielfältigt.

---

[1] „In der Talkshow "Arabella" wurde gestritten, geheult, gehasst und geliebt. Ganz normale Leute erzählten von 1994 bis 2004 Arabella Kiesbauer von ihren ganz persönlichen Schicksalen. Dann brach die Quote ein, sie weigerte sich, wie andere Sendungen, mit Laiendarstellern zu arbeiten und ProSieben stellte das Format langsam aber sicher ein." (Focus. „Kiesbauer aus den 90ern TV-Star Arabella moderiert den ESC – Wo kommt die denn plötzlich wieder her?" *FOCUS Online Nachrichten*. 23. Mai 2015. http://www.focus.de/kultur/musik/nach-elf-jahren-arabella-kiesbauer-ist-wieder_id_4692587.html (Zugriff am 15. November 2015)).

[2] *Traumhochzeit (RTL)*: „Deutsche Erstausstrahlung: 19.01.1992 RTLplus. Drei heiratswillige Paare treten an, von denen eines nach diversen witzigen und romantischen Spielrunden eine komplette Hochzeit mit Feier und Flitterwochen gewinnen kann. Außerdem gehören originelle Heiratsanträge, die finale Spielrunde mit der bekannten Champagnerpyramide sowie die Trauung des siegreichen Paares direkt im Studio fest zu dem Konzept der Heiratsshow." (fernsehserien.de. „Traumhochzeit. Infos." *fernsehserien.* kein Datum. http://www.fernsehserien.de/traumhochzeit (Zugriff am 11. November 2015)).
Wer wird Millionär? (RTL): „Deutsche Erstausstrahlung: 03.09.1999 RTL. „Wer wird Millionär?" ist nach dem Vorbild der britischen Quizsendung „Who Wants to Be a Millionaire" gestaltet. Seitdem die Sendung im September 1999 gestartet wurde, führt Günther Jauch als Moderator und Fragensteller durch die Show." (fernsehserien.de. „Wer wird Millionär. Infos." *fernsehserien.* kein Datum. http://www.fernsehserien.de/wer-wird-millionaer (Zugriff am 15. November 2015)).
Herzblatt (ARD): „Deutsche Erstausstrahlung: 09.10.1987 Das Erste. Deutschlands erfolgreichste Flirt-Show hat nur eines zum Thema: Mann sucht Frau bzw. Frau sucht Mann! Dabei dürfen pro Show ein Mann und eine Frau aus jeweils drei Flirtpartnern ihr Herzblatt wählen. Der Clou: Der sogenannte „Picker" und die Flirtpartner haben sich zuvor noch nie gesehen und sind während der Sendung durch eine Wand voneinander getrennt." (fernsehserien.de. „Herzblatt. Infos." *fernsehserien.* kein Datum. http://www.fernsehserien.de/herzblatt (Zugriff am 15. November 2015)).

Bei den Gesprächen und Situationen, die zumeist zutiefst intim und persönlich sind, ist der Zuschauer – wenn auch zu Hause vor dem Fernseher – ganz nah dabei. Sexualität beispielsweise, ein wesentlicher Bestandteil des alltäglichen und normativ privaten Lebens, scheint durch den Umgang der Fernsehsender zunächst zur Sensation geworden zu sein. Mittlerweile ist die Veröffentlichung dieser laut der Sozial- und Wirtschaftswissenschaftlerin INSA SJURTS allerdings längst Gewohnheit (Vgl. Sjurts 1996, 193). Der Zuschauer sitzt unentdeckt in seinen privaten Wänden und "ergötzt" sich an den präsentierten Körpern und den intimen Themen. Und wieso sollte er auch nicht? Schließlich bekommt er ja innerhalb seines Alltags normalerweise nicht die Chance, etwas über die sexuellen Vorlieben oder die Beziehungsprobleme fremder Menschen zu erfahren. Es scheint, als mache das Format Reality TV aus dem Betrachter eben hierdurch einen Voyeur, der sich in gewisser Weise heimlich an der Betrachtung anderer erfreut. Zwar wissen die Darsteller um ihr Beobachtetwerden, der Fernsehzuschauer erhält aber zumeist, ähnlich wie im Film, keine direkte Erwiderung des Blicks, erfährt demnach keine Scham und kann das Gezeigte unbeachtet weiter betrachten. Von einer Lust des unentdeckten Beobachtens scheint beim Fernsehen, vor allem im Zeitalter des Reality TV For mats, also allemal gesprochen werden zu können. Die Frage, inwiefern diese Schaulust tatsächlich mit einer voyeuristischen verglichen werden kann, welche in der psychoanalytischen Filmwissenschaft vielmals in Verbindung mit dem Kino-Regime analysiert wird, soll innerhalb dieser Arbeit untersucht werden.

Es scheint naheliegend, dass es nicht die Darsteller sind, die den Betrachter in die Rolle des Voyeurs drängen, denn diese wissen, dass sie gefilmt und beobachtet werden. Sie versuchen nicht, ihre Körper und intimen Gedanken zu verstecken, um so die Neugier und Schaulust hervorzulocken. Im Gegenteil: Vor allem innerhalb der Sendungen des Reality TV Formats präsentieren die Akteure sich und ihr scheinbar reales Privatleben frontal der Kamera und somit dem Fernsehzuschauer. Wie aber lässt sich dann der Begriff Voyeurismus auf eben dieses Format anwenden, wenn sowohl die Zuschauer, als auch die Darsteller voneinander wissen und ein gegenseitiges Einvernehmen zu herrschen scheint? Innerhalb der Filmwissenschaft und in Anlehnung an Gegebenheiten wie denen des dunklen Zuschauerraums und der hellen Leinwand als symbolisches Schlüsselloch (Vgl. Metz 2000, 60) scheint eine solche Verbindung offensichtlich hergestellt werden zu können. Hinsichtlich des Mediums Fernsehens, konkret des Formats Reality TV, sind sich Rezipienten, Wissenschaftler und Theoretiker nicht ganz einig. Vor einigen Jahren noch sprechen Medienforscher in Bezug auf das sich verändernde Realitätsfernsehen vom Begriff der ‚Sexualisierung', welche für die Förderung voyeuristischer Schaulust verantwortlich sein soll (Vgl. Krüger 2001, 194). Mittlerweile scheint die Gesellschaft diese Tendenz längst gewohnt zu

3

sein. Journalisten schreiben immer häufiger vom „Fernsehen für Voyeure"[3] und Kommunikationswissenschaftler CLAY CALVERT betrachtet die voyeuristischen Elemente des Fernsehens als eine neuzeitliche Erscheinungsform des medialen Voyeurismus (engl. „mediated voyeurism") (Calvert 2000, 55), bei welchem er sogar von vier möglichen Arten des Voyeurismus spricht (Vgl. Calvert 2000, 4). Im weiteren Verlauf dieser Arbeit werde ich die von CALVERT genannten Formen aufgreifen, da seine Betrachtungsweise hinsichtlich der Inhalte des Fernsehens den psychoanalytischen Filmtheorien des Voyeurismus nahezustehen scheint, welche ferner den Grundbaustein der Analyse dieser Arbeit bilden. Die Medien und Kommunikationswissenschaftlerinnen INGRID STAPF und ALMUT RADEBACHER schreiben innerhalb einer den medialen Voyeurismus betreffenden Untersuchung, dass „es scheint, als stellen die medialen Bedingungen selbst einen Teil des Phänomens [Voyeurismus] dar" (Stapf und Rademacher 2015, 64). Durch die mit dem Medium Fernsehen verbundene Technik und Inszenierung sei dieses Phänomen außerdem zu einer Massenerscheinung geworden (Vgl. Aigner, et al. 2015, 61). Wie genau sich der Begriff Voyeurismus dem Realitätsfernsehen zuordnen lässt, inwiefern dieser durch das Format in besonderer Weise hervorgerufen wird und welche Rolle Begriffe wie Personalisierung, Dramatisierung, Emotionalisierung, Intimisierung und Stereotypisierung in diesem Zusammenhang spielen, soll der zu untersuchende Gegenstand dieser Arbeit sein. Außerdem werde ich berücksichtigen, welche Unterschiede zwischen gescripteten und nicht gescripteten Programmen hinsichtlich der Strategien, die womöglich eine voyeuristische Schaulust auslösen, zu vernehmen sind.

Hinsichtlich der Untersuchung der medienästhetischen Umsetzung dieser Programme werde ich mich vor allem mit kürzlich aufgetauchten Formaten des Realitätsfernsehens auseinandersetzen und diese hinsichtlich ihrer audiovisuellen Inszenierungsstrategien untersuchen. Auf diese Weise soll erarbeitet werden, ob, und wenn ja, mit welchen Mitteln, dem Publikum ein voyeuristischer Blick aufgedrängt wird und inwiefern deshalb von "Voyeurismus-Fernsehen" gesprochen werden kann. Um im Anschluss an die Analyse ein die These abwägendes Fazit formulieren zu können, werde ich mich im Folgenden sowohl mit der Definition und der Entwicklung des Reality TV Formats, als auch mit den filmwissenschaftlichen Überlegungen in Bezug auf Voyeurismus auseinandersetzen und eine für die Arbeit erforderliche Kenntnis bereitstellen. Hierzu sollen die

---

[3] Schader, Peer. „TV-Voyeurismus. Geschichten aus der Gruft zum Gruseln." *Frankfurter Allgemeinde. Feuilleton.* 7. November 2011. http://www.faz.net/aktuell/feuilleton/medien/tv-voyeurismus-geschichten-aus-der-gruft-zum-gruseln-11520834.html (Zugriff am 15. November 2015).

Arbeiten von CHRISTIAN METZ und LAURA MULVEY herangezogen werden und somit Berücksichtigung im Theorieteil sowie nachfolgend Anwendung im Analyseteil finden.

1. Die Entwicklung des Reality TV Formats

Dass die meisten Menschen von Grund auf nicht nur auf sich selbst fokussiert sind, sondern auch am Leben anderer Interesse zeigen, lässt sich auf unterschiedliche Weise beobachten. Ob in Anlehnung an die Presse, oder im Freundes- und Bekanntenkreis, es gibt stets etwas über die Schicksale anderer, teils sogar fremder Menschen, zu bereden. Seit den 1990er Jahren hat eben dieses "Gerede" einen neuen Kommunikationsweg erfahren. Auch wenn das Reality TV Format noch nicht eindeutig und einheitlich definiert werden konnte, hat es sowohl in der Öffentlichkeit, als auch im wissenschaftlichen Bereich enorm an Bedeutung gewonnen (Vgl. Lüneborg, et al. 2011, 17). Neben dem offenbar allgemeinen Interesse an Schicksalen Anderer scheint außerdem der um die 90er Jahre stark gestiegene Konkurrenzdruck und die damit einhergehende Intention der Kostenverringerung bei den Produktionen Grund für die Ausbreitung des Reality TV gewesen zu sein:

> Der durch die Kommerzialisierung des Fernsehens gewachsene Programmbedarf, die Einführung des Videorekorders, DVD- Rekorders, Replay-TV etc. sowie die zunehmende internationale Verflechtung und Beteiligung von Medienkonzernen an Sendern und Produktionsgesellschaften auf der einen Seite und knapper werdende finanzielle Mittel auf der anderen Seite, zwangen Fernsehsender [...] dazu, sich neuen Produktionswegen und Finanzierungsmodellen [sowie] einer stärkeren Betonung der Zuschauer- Interaktivität [...] zu öffnen (Lüneborg, et al. 2011, 18).

Das Resultat der Anpassung an neue Gegebenheiten ist die hohe Präsenz des international vermarktungsfähigen Realitätsfernsehens (Vgl. Lüneborg, et al. 2011, 18). Mittlerweile haben sich bereits mehr als zehn verschiedene Genres des Reality TV entwickeln können, die wiederum einige Subgenres hervorgebracht haben. Bereits im Jahre 2003 berichten ELISABETH KLAUS und STEPHANIE LÜCKE von der Existenz von insgesamt elf verschiedenen Formen des Realitätsfernsehens (Vgl. Klaus und Lücke 2003, 200). Diese Anzahl wurde in der die Skandalisierung des Fernsehens betreffenden Schriftenreihe zur Medienforschung der Landesanstalt für Medien Nordrhein-Westfalen aus dem Jahre 2011 aufgegriffen und durch neu hinzugekommene Subgenres ergänzt (Vgl. Anhang: Abb. 1). Allen Formen gemein scheint die Fokussierung auf die Darstellung realer Menschen bei der Bewältigung von Lebensabschnitten (Vgl. Klaus und Lücke 2003, 207), so wie es bereits in den vorangegangenen Talkshows üblich war. Neben der Präsentation gewöhnlicher, unbekannter Bürger, gibt es allerdings auch Sendungen, welche den Alltag von Prominenten darstellen oder diese in unterschiedliche Situationen versetzen, um deren Reaktion realitätsnah und authentisch wiederzugeben (beispielsweise *Sarah & Marc in love – Pro Sieben*, *Dschungelcamp - RTL, Das perfekte Promi Dinner - VOX*)[4].

Eine konkrete Definition von Reality TV scheint aufgrund der Vielfältigkeit des Formats noch immer schwierig. Klaus und Lücke beschreiben es als sogenannte ‚Genrefamilie', welche als Oberkategorie unterschiedliche Hybridgenres zusammenfasst (Vgl. Klaus und Lücke 2003, 196). Die Mitglieder dieser Genrefamilie gehören laut Elisabeth Klaus „ [...] zu den Hybridgenres, die sich nicht an traditionellen Genrekonventionen orientieren, sondern sich freigiebig verschiedener Gattungsmuster bedienen" (Klaus 2006, 83). Auch Hißnauer wählt eine eher allgemeine Definition. Er beschreibt Reality TV als „Oberbegriff für verschiedene Formen, die sowohl eine starke Unterhaltungsorientierung *als auch* ein – mehr oder weniger erfolgreich erhobener – Anspruch auf dokumentarische Wirklichkeitsdarstellung auszeichnet. [Anm.: Hervorhebung im Original]" (Hißnauer 2011, 343). Ursprünglich stammt die Bezeichnung aus dem Englischen und ist somit zurückzuführen auf die Originalbeschreibung „reality based stories" (Hißnauer 2011, 340). Auch wenn eine konkrete Definition aufgrund der Grenzüberschreitungen der Reality TV Programme schwierig ist, lassen sich die einzelnen Charakteristika der Genres und Subgenres trotzdem auf eine gemeinsame Strategie zurückführen, die den Betrachter an das Format binden und seine Schaulust hervorlocken soll: Die vermittelte Realitätsnähe und die damit in Verbindung stehenden privaten Inhalte, die dem Zuschauer präsentiert werden. In Bezug zur vermittelten Realitätsnähe schreibt Elisabeth Klaus passend: Reality TV sei „die Bezeichnung für ein Konglomerat verschiedener Formate, die alle mit Realitätsanspruch auftreten, dabei aber die Künstlichkeit und Inszeniertheit ihrer Realitätsdarstellung nicht verleugnen." (Klaus 2006, 85).

---

[4] Die Programme *Sarah & Marc in love* (*Pro Sieben*), *Dschungelcamp* (*RTL*) und *Das perfekte Promi Dinner* (*VOX*) begleiten/präsentieren Prominente bei der Bewältigung unterschiedlicher Alltagsprobleme, wie den eigenen Hochzeitsvorbereitungen (*Sarah & Marc in love*), dem Kochen eines Menüs für Gäste (*Das perfekte Promi Dinner*) oder erteilen ihnen Aufgaben, die weniger alltäglich sind, um den Umgang der Promis mit zumeist schwierigen Situationen dokumentarisch festzuhalten (*Dschungelcamp*). *Dschungelcamp* wird seit 2004 produziert und hat bisher neun Staffeln hervorgebracht. *Das perfekte Promi Dinner* wird seit 2005 im deutschen Fernsehen ausgestrahlt und „ist die Promi-Ausgabe" der Koch-Doku *Das perfekte Dinner*. *Sarah & Marc in love* ist aktuell nicht mehr im Fernsehen zu sehen. Diese Show lief von Juni 2005 bis August 2005, zu Zeiten der Hochzeitsvorbereitungen des damaligen Promipaars Sarah Connor und Marc Terenzi. (Vgl. fernsehserien.de. „Sarah und Marc in love. Infos." *fernsehserien*. http://www.fernsehserien.de/sarah-und-marc-in-love (Zugriff am 15.November 2015). / fernsehserien.de. „Ich bin ein Star - Holt mich hier raus!. Infos." *fernsehserien*. http://www.fernsehserien.de/ich-bin-ein-star-holt-mich-hier-raus (Zugriff am 15. November 2015)./ fernsehserien.de. „Das perfekte Promi Dinner. Infos." *fernsehserien*. http://www.fernsehserien.de/das-perfekte-promi-dinner (Zugriff am 15. November 2015).

Von der Talkshow zum Hybridgenre Reality TV

Während das Fernsehen der 50er, 60er und 70er Jahre „eines der Bildung und des kulturell anspruchsvollen Programms" (Mikos, Feise, et al. 2001, 43) ist, entwickeln sich während der späten 80er Jahre vor allem die Programme des Realitätsfernsehens weiter (Vgl. Mikos, Feise, et al. 2001, 54), wodurch eine starke Unterhaltungsorientierung seitens der Programmveranstalter ausgelöst worden ist (Vgl. Mikos, Feise, et al. 2001, 34). So erobern unter anderem zunehmend verhaltensorientierte Shows, wie Single- oder Beziehungsshows, sowie auch Bekenntnisshows und tägliche Talkshows das Fernsehen und „holen ein Stück weit den Alltag und die Realität der Kandidaten in die Sendung" (Mikos, Feise, et al. 2001, 37). Im Zuge dessen kommt es in Deutschland Mitte der 90er Jahre dann sogar zu einem sogenannten Talkshow ‚Boom', welcher nicht nur eine Ausbreitung des Talkshow Formats an sich bewirkt, sondern auch den Wandel von einem informativen zu einem weitestgehend unterhaltenden Programmformat einleitet (Vgl. Foltin 1994, 91ff., 99ff.). Seinen Höhepunkt erreicht das Format zwischen 1998 und 2002 (Vgl. Ahrens und Weiß 2012, 74). AHRENS und WEIß weisen darauf hin, dass 2002 insgesamt 13 Talkshow Formate, verteilt auf vier Sender, existieren (Vgl. Ahrens und Weiß 2012, 74). Die Inhalte umfassen alles von ‚Sex im Alter' über ‚Akupunktur' bis hin zu ‚Sadomasochismus'; so jedenfalls umschreibt FOLTIN die Inhalte der Talkshow *Hans Meiser*, welche Deutschlands erste erfolgreiche Talkshow nach US-amerikanischem Vorbild gewesen ist (Vgl. Foltin 1994, 107f.). Zunehmend werden „die kleinen und großen Dinge des Alltags [...] neue Unterhaltungsträger" (Neumann-Bechstein 1997, 163) der Fernsehindustrie. Die Richtung, welche die Programmveranstalter hinsichtlich der Gestaltung der Talkshows während der 90er Jahre einschlagen, beschreiben BENTE und FROMM als eine Entwicklung hin zum Affektfernsehen (Vgl. Bente und Fromm 1997, 21f.). Da die Shows außerdem vermehrt den privaten Alltag inszenieren (Vgl. Mikos, Feise, et al. 2001, 39), beschreibt FROMM die Talkshows als intime Formate (Vgl. Fromm 1999, 19). Diese Tendenz bestätigt auch KNUT HICKETHIER in seinem Werk *Die Geschichte des deutschen Fernsehens* und erklärt, die Sender „entdeckten [...], daß [sic] sich mit der Rede über Pornografie, Intimität und Perversion Zuschauer gewinnen ließen" (Hickethier 1998, 477).

Die Themen, die innerhalb der Talkshows diskutiert werden, arten mit der zunehmenden Etablierung des Genres allerdings zu sehr aus: Am 30 Juni 1988 wird vom *Verband private Rundfunk- und Telekommunikation e.V.* in Zusammenarbeit mit der *Freiwilligen Selbstkontrolle Fernsehen* ein Verhaltenskodex verabschiedet, welcher sich auf die Programmgestaltung der Talkshows bezieht und als Leitfaden für die jeweiligen Veranstalter zu dienen hat (Vgl. Klass 2004, 102). Grund für diesen Kodex ist die Drohung der Landesmedienanstalten, die Shows auf den

Abend verlegen zu lassen, um zu vermeiden, dass Kinder und Jugendliche die teils unangebrachte Ausdrucksweise der Gäste oder gar jugendgefährdende Inhalte der Gesprächsrunden verfolgen. CHRISTIAN SCHICHA fasst die Leitlinien wie folgt zusammen:

> Es wird in den Leitlinien [...] postuliert, dass mit den Themen Sexualität, Gewalt und dem Umgang mit Minderheiten ,besonders sensibel' umgegangen werden solle. Rassistische und volksverhetzende Positionen sollten kein Forum für eine ,unwidersprochene Selbstdarstellung geboten werden'. Insgesamt sollen ,sozialethisch desorientierende Wirkungen bei Kindern und Jugendlichen verhindert werden.' Weiterhin sollen ,Konfliktlösungen oder Konfliktlösungsstrategien' erörtert werden (Schicha 2003, 11).

Dieser Kodex spielt mittlerweile allerdings kaum noch eine Rolle, da die Talkshow ohnehin weitestgehend aus dem Fernsehprogramm verschwunden sind (Vgl. Anhang: Abb. 2). So ist als eine der letzten Überbleibenden mittlerweile auch die Talkshow *Britt*, die seit 2001 von *Sat.1* ausgestrahlt worden ist und sich über Jahre erfolgreich auf dem Markt gehalten hat, im Jahr 2013 abgesetzt worden.[5]

Inwiefern die beschriebenen Regelungen dazu beigetragen haben, dass die Talkshow vom deutschen Fernsehmarkt verschwunden ist, kann nicht nachgewiesen werden. Der Rückgang der täglichen Talkshows scheint allerdings Platz für neue und veränderte Genres des Reality TV Formats geschaffen zu haben: Die Dokusoaps beispielsweise, welche gegen Ende der 90er Jahre aufgetaucht sind und sich ab der Jahrtausendwende im deutschen Fernsehen verbreitet haben (Vgl. Wolf 2001, 290), weisen insofern bereits einen Unterschied zu den Talkshows, sowie zu den Beziehungs- und Bekenntnisshows auf, da die Produzenten hierbei hinsichtlich der Vermischung von Öffentlichkeit und Privatheit noch einen Schritt weiter gehen: Die Teilnehmer oder Darsteller erzählen nicht nur von ihren privaten Problemen, Vorlieben oder Verhaltensweisen, diese werden dem Zuschauer sogar präsentiert.[6] Die Alltagswelt der Akteure wird nicht mehr nur besprochen, sondern dargestellt und dokumentiert. FRITZ WOLF erklärt:

---

[5] Vgl. Krei, Alexander. „Nach 12 Jahren: Sat.1 macht Schluss mit "Britt"." *DWDL*. 20. März 2013. http://www.dwdl.de/nachrichten/40092/nach_12_jahren_sat1_macht_schluss_mit_britt/ (Zugriff am 15. November 2015).

[6] „ARTE war der erste Sender, der ein eigenes Sendeplatzschema für Doku Soaps entwickelte und über mehrere Jahre lang dieses Format kontinuierlich in Auftrag gab, mit sehr guten bis befriedigenden Quotenerfolgen" (Egger 2011, 1).

Doku-Soaps sind die bewusst gesuchte Verbindung von dokumentarischem Erzählen und serieller Dramaturgie, wie sie in der fiktiven Fernseh-Serie entwickelt wurde. Sie konzentrieren sich nicht, wie oft der klassische Dokumentarfilm, auf eine Person, sondern auf mehrere Personen. Deren Geschichten werden häufig parallel montiert und erzählt – bis hin zu patchworkartigen Erzählweisen (Wolf 2003, 95).

Eine Studie der Landesmedienanstalten aus dem Jahr 2012 zeigt auf, wie präsent die unterschiedlichen Subgenres des Reality TV zu dieser Zeit sind[7] (Vgl. Anhang: Abb. 3). Vergleicht man die ermittelten Prozentwerte mit der Programmstruktur des beginnenden 20. Jahrhunderts, so fällt sowohl bei *RTL*, als auch bei *VOX, RTL II, Sat.1, Pro Sieben* und *kabel eins* eine enorme Zunahme an Programmen des Formats Reality TV auf (Vgl. Anhang: Abb. 4-7). Es scheint, als stellen die Talkshows, die Spielshows, sowie die Beziehungs-, und Suchshows, welche BENTE und FROMM der Kategorie des Affektfernsehen zuordnen (Vgl. Bente und Fromm 1997, 21), eine Art Wegbereiter für die heutigen Reality TV Genres und Subgenres dar. Dieses Phänomen erklärend schreibt FRITZ WOLF: „Die Talkshows haben ein Terrain freigeschlagen, indem gewohnheitsmäßig Privates und Intimes öffentlich verhandelt wird und niemand mehr etwas dabei findet [...]" (Wolf 1999, 4).

Anhand des bisher Erarbeiteten lässt sich zeigen, dass sich all diese Formate, so wie bereits die Talkshows der späten 80er Jahre, an dem Prinzip der Privatisierung orientieren. Sie zeigen entweder Privatmenschen in deren Alltag oder beschäftigen sich mit privaten Themen. WEIß und GROEBEL erklären: „Mit der Übernahme der Kommunikationsform des zwischenmenschlichen Gesprächs in die Sendungsinszenierung ist die Talkshow schon in ihrer Sendungsstruktur auf die Medialisierung von Privatheit ausgerichtet" (Weiß und Groebel 2002, 221). Auch JOAN KRISTIN BLEICHER sieht die Entwicklung des Reality TV Formats durch die Shows der 90er Jahre gelenkt. Sie schreibt: „Erst die zunehmende Thematisierung von Privatheit in den Beziehungs- und Talkshows [...] ermöglichte den televisionären Menschenzoo am Beginn des neuen Jahrtausends" (Bleicher 2002, 230).

---

[7] Allein der Sender *VOX* strahlt 2012 zu einem Anteil von 75,1 % Reality TV aus. Bei *Sat.1* liegt der Anteil des Reality TV Formats 2012 bei 73,4 %. Bis auf die Privatsender *Pro Sieben* und *kabel eins* weisen auch die anderen privaten Rundfunkveranstalter im Jahr 2012 jeweils über 50% Reality TV-Ausstrahlungen auf. (Vgl. Anhang: Abb. 3).

Charakteristika und Subgenres

Dadurch, dass Reality TV der Hybridisierung folgt, sprich verschiedene Fernsehgattungen und Genres und deren jeweilige Charakteristika miteinander verknüpft, hat seine bereits erlangte Popularität und Präsens bis heute dazu beigetragen, dass eine Vielzahl neuer Genres entstanden ist (Vgl. Klaus und Lücke 2003, 196). So lässt sich das Format zum einen in narrative und performative Ausstrahlungen unterteilen, zum anderen lassen sich die vielfältigen Themenbereiche, die innerhalb der unterschiedlichen Sendungen behandelt werden, zu einzelnen Genres zusammenfassen.

Nach KLAUS und LÜCKE, welche sich hierbei auf die Medienwissenschaftlerin ANGELA KEPPLER beziehen, gehören zum narrativen Reality TV Genres, „die ihre ZuschauerInnen mit der authentischen oder nachgestellten Wiedergabe realer oder realitätsnaher außergewöhnlicher Ereignisse nicht-prominenter Darsteller unterhalten" (Klaus und Lücke 2003, 199). Die Bezeichnung ‚nachgestellte Wiedergabe' deckt sich mit der Beschreibung der Programmforschung der Landesmedienanstalten. Diese bezeichnen narrativ im Programmbericht von 2011 auch als ‚pseudo dokumentarisch' (Vgl. Trebbe und Weiß 2014, 61). So werden beispielsweise Gerichts-Shows oder aber beratende oder hilfeanbietende Shows als narrative Genres eingestuft (Vgl. Klaus und Lücke 2003, 199). Zu den performativen Reality TV Genres zählen diejenigen, die „eine Bühne für nicht-alltägliche Inszenierungen sind, jedoch zugleich direkt in die Alltagswirklichkeit nichtprominenter Menschen eingreifen" (Klaus und Lücke 2003, 199). Bei diesen werden den Darstellern zwar Rahmenbedingungen vorgegeben, der thematische Hintergrund bleibt allerdings real. Auch Talkshows, bei denen Gäste von realen Problemen erzählen, lassen sich als Subgenres des Reality TV im performativen Bereich einordnen. Denn durch das Interagieren mit fremden Menschen oder durch das Auftreten an unbekannten Orten (wie beispielsweise das Studio der Talkshow) wird in den normalen Alltag der Beteiligten eingegriffen und dieser somit verändert. Castingshows, Doku-Soaps oder Reality Soaps wie beispielsweise *Big Brother*[8] (*RTL*) lassen sich ebenfalls als performativ beschreiben. Die Darsteller agieren hierbei zwar in einem vorgegebenen performativen Raum und Rahmen, sind oftmals allerdings verhältnismäßig frei und im Gegensatz zum narrativen Reality TV nicht an eine vorgegebene Erzählung gebunden (Vgl. Klaus und Lücke 2003, 199). Im Gegensatz zum narrativen Reality TV treten die Darsteller beim performativen Format als „Akteure ihres eigenen Lebens [...] [auf und erfahren] soziale Handlungen, die als solche bereits das alltägliche soziale Leben der Akteure verändern" (Klaus und Lücke 2003, 198). Wie bereits erwähnt entlarven sich viele Doku-Soaps mittlerweile allerdings als sogenannte

---

[8] Auf dieses Format wird nachfolgend noch genauer eingegangen.

Pseudo-Dokumentationen, da reale oder real erscheinende Ereignisse hierbei oftmals durch Laienschauspieler nachgespielt werden (Vgl. Lüneborg, et al. 2011, 24). Diese zählen dann zu den narrativen Genres, da die Inhalte fiktional sind und einer vorgegebenen Narration folgen (Vgl. Lüneborg, et al. 2011, 24). Innerhalb der Programmforschung der Landesmedienanstalten wird die Bezeichnung fiktionalisiert auch mit dem Begriff scripted gleichgesetzt (Vgl. Trebbe und Weiß 2014, 61). HANS-JÜRGEN WEIß schreibt hierzu: „Wenn von Scripted-Reality-Formaten die Rede ist, geht es *nicht* um irgendeine Form der Inszenierung, die jeder Darstellung von Wirklichkeit durch das Fernsehen inhärent ist. [Anm.: Hervorhebung im Original]" (Weiß 2012, 212). Problematisch sei laut ihm die Fiktionalisierung der narrativen Formate des Realitätsfernsehens, sprich die Mischung von Fakten und Fiktionen in Alltagsdokumentationen (Vgl. H.-J. Weiß 2012, 212). Demnach scheint es bei der medienästhetischen Analyse von Reality TV nötig, nicht nur zwischen narrativen und performativen Programmen zu unterscheiden, sondern auch zwischen gescripteten und nicht gescripteten. CHRISTIAN STICHLER stützt sich in seiner Beschreibung der Genres des Scripted Reality TV vor allem auf dessen medienästhetische Umsetzung. Innerhalb eines Konzeptes für den öffentlich-rechtlichen Sender NDR mit dem Titel *Scripted Reality – eine Chance für den NDR* formuliert er das Folgende:

> „Scripted Reality" ist eine konsequente *Weiterentwicklung der bisherigen Doku-Soaps,* kombiniert mit den Erfahrungen, die bei Gerichtsshows und den Nachmittagstalks gewonnen wurden. Jeder Folge liegt ein festes Drehbuch zu Grunde. Die Szenen werden von Laien oder Schauspielern in eigenen Worten nacherzählt oder nachgespielt. [...] *Die gescripteten Formate zeichnen sich dadurch aus, dass sie zumindest vom Zuschauer von echten dokumentarischen Formaten kaum unterschieden werden können.* Eine möglichst hohe Glaubwürdigkeit ist zentral für den Erfolg. So wird z.B. darauf geachtet, dass die Kamera konsequent im Doku-Stil eingesetzt wird. Abgesetzte O-Töne sorgen als zentrales Element für die Authentizität. Sie suggerieren persönliche Aussagen und kommentieren das Geschehen. Ein natürliches Licht ist wichtig. *Lediglich im Abspann der Folgen wird darauf hingewiesen, dass Handlungen und Personen frei erfunden wurden* [Anm.: Hervorhebung im Original] (Stichler 2010, 22f.).

Die Bezeichnung Reality TV ist demnach bei den gescripteten Formaten ausschließlich auf die Ästhetik der Sendung zurückzuführen, nicht auf einen tatsächlichen Realitätsbezug. Zusätzlich ist festzuhalten, dass sowohl bei gescripteten als auch bei nicht gescripteten Reality TV Formaten Rahmenbedingungen seitens der Produzenten vorgegeben sind, allerdings nicht im gleichen Ausmaß, da letztere nicht einer fiktiven Handlung folgen. So argumentieren WEIß und AHRENS beispielsweise, dass alle „Formatgruppen – nicht gescriptete Doku Soaps, gescriptete Doku Soaps und Realityshows – in gewisser Weise inszeniert [seien]" (Aherns und Weiß 2012, 22). Im Bericht zur Programmforschung 2011 der Landesmedienanstalten argumentieren die beiden Autoren, dass auch bei Sendungen, bei denen die Akteure einen gewissen Spielraum für eigenes authentisches Verhalten haben, das Skript überhaupt erst die Reality-Show ‚mache' (Vgl. Ahrens und Weiß 2012, 64).

Oftmals werden in Bezug zum Reality TV auch die Begriffe ‚planned' und ‚followed' verwendet, da so nicht auf das Ausmaß und den Umfang des Scripts eingegangen werden muss und der Grad der Inszeniertheit vereinfacht umschrieben werden kann. Auf diese beiden Begriffe werde auch ich mich innerhalb dieser Arbeit stützen, um ein Missverstehen bezüglich der Produktionsbedingungen- und hintergründe durch Unklarheiten hinsichtlich der Definition von gescripteten und nicht gescripteten Programmen zu vermeiden. Der amerikanische Reality TV Scripter DAVID RUPEL definiert die Begriffe planned und followed innerhalb eines von ihm verfassten Artikels wie folgt:

> Most reality shows fit into one of two categories [...]: [Followed Reality TV] [...] is a show with very little structure, where everyday events become the stories [...]. On these shows, story editors sift through days (and sometime weeks) of footage to find compelling stories after the shooting has occurred. These shows tend to have longer shooting schedules, because you can't predict when something interesting is going to happen. [...] [Planned Reality TV] is a show that is heavily formatted, where events are planned before shooting begins. Writers – usually getting some kind of producer title – create beats for the show that generate the dramatic structure. These shows tend to have much shorter shooting schedules.[9]

Diese Definition legt offen, dass selbst eine followed Sendung Inszenierungsstrategien unterliegt, welche im Nachhinein aus dem Material eine Geschichte formen. Im heutigen Zeitalter und hinsichtlich der fortschreitenden Technik scheint es hierbei sogar nur geringfügig relevant, ob diese Strategien nun vorher erdacht und während der Dreharbeiten berücksichtigt worden sind, oder erst im Nachhinein. Auch KLAUS und LÜCKE weisen darauf hin, dass es sich – egal bei welchem Genre des Reality TV – „nicht nur um die Darstellung realer Geschehnisse, sondern auch um ihre möglichst geschickte und spannende Inszenierung [handelt.]" (Klaus und Lücke 2003, 205). So gehören laut ihnen alle Subgenres der Kategorie des Affektfernsehens an (Vgl. Klaus und Lücke 2003, 197). Als solches weise das Reality TV Format die Charakteristika der Personalisierung, Dramatisierung, Emotionalisierung, Intimisierung und Stereotypisierung auf (Vgl. Klaus und Lücke

---

[9] Rupel, David. „How Reality TV Works. " *Writers Guild of America, West*. 2015.
http://www.wga.org/organizesub.aspx?id=1091 (Zugriff am 15. November 2015).

2003, 208ff.). Gerade hierdurch scheint es wiederum auf eine Art Inszenierungsstrategie zu verweisen.

Personalisierungsstrategien innerhalb des Reality TV beziehen sich auf die Art und Weise der Darstellung der Charaktere. Diese werden zu Gunsten der Identifikation und der Emotionalisierung als Persönlichkeiten dargestellt, sodass der Zuschauer das Gefühl bekommt, die Geschichten "echter" Menschen zu erleben oder diese in ihrem Alltag zu begleiten (Vgl. Klaus und Lücke 2003, 208). KLAUS und LÜCKE beschreiben: „In fast allen Sendungen werden intime, private Details und Gefühle erörtert, in Interviews erzählen die Opfer, Retter oder Zeuginnen ‚ihre Geschichte' persönlich und entsprechend gefühlsbetont" (Klaus und Lücke 2003, 208). Die Emotionalisierung geht vielmals mit der Personalisierung einher: „Fast alle Reality TV-Genres präsentieren gewöhnliche Menschen in einer außergewöhnlichen Situation, die sie bewältigen – indem sie ihren Partner um Verzeihung bitten, ein lange vermisstes Familienmitglied wieder treffen oder einen Heiratsantrag machen" (Klaus und Lücke 2003, 208). Auch gewisse ästhetische Mittel, wie beispielsweise die Verwendung schneller Schnitte, die eine Spannungssteigerung hervorrufen oder dem Zwecke der emotionalen Bindung dienen, zählen zu Strategien der Emotionalisierung (Vgl. Klaus und Lücke 2003, 208). Wenn von Intimisierung im Fernsehen gesprochen wird, dann bezieht sich dies zumeist auf die behandelten Inhalte, die wiederum Einfluss auf das Auftreten der jeweiligen Akteure haben können. Auch Darstellungen von Sexualität machen einen Teil der Intimisierung aus und sind als solche, wie beispielweise bei *Big Brother* schon längst nicht mehr auf die nächtliche Sendezeit beschränkt (Vgl. Lüneborg, et al. 2011, 20). Dramatisiert sowie auch emotionalisiert wird eine Szene nicht nur durch den vermittelten Inhalt, sondern auch durch unterschiedliche audiovisuelle Techniken, wie das Einsetzen der Handkamera, die Verwendung von Zooms, sowie schnelle oder langsame Schnitte und auch anregende Musik (Vgl. Klaus und Lücke 2003, 210). Die Stereotypisierung, welche laut KLAUS und LÜCKE neben der Aufgabe des vereinfachten Verständnisses der Charaktereigenschaften der Akteure auch zum Hervorbringen des Klischee-Denkens genutzt wird (Vgl. Klaus und Lücke 2003, 209), scheint sich insofern als Strategie, welche die Lust ein Format zu betrachten fördert, erklären zu lassen, da sie beim Zuschauer Assoziationen hervorruft, die weder mit der Handlung, noch mit dem Agieren des Akteurs zusammenhängen. Sie ruft allerdings bestimmte Erwartungen hervor, welche die Schaulust steigern. Wie genau solche Charakteristika und andere ästhetische Praktiken innerhalb eines Programms das Phänomen des voyeuristischen Schauens auslösen, wird im Analyseteil dieser Arbeit genauer beleuchtet.

Laut KLAUS und LÜCKE löse das Format des Realitätsfernsehens als ‚Sammlung von Hybridgenres'
nicht nur Gegensätze von Authentizität und Inszenierung auf, sondern auch von Information und
Unterhaltung sowie Alltäglichem und Außergewöhnlichem und vermengt diese zu neuen Fernseh-
Produkten (Vgl. Klaus und Lücke 2003, 204). Merkmale wie Personalisierung, Emotionalisierung,
Intimisierung, Stereotypisierung und Dramatisierung offenbaren sich allerdings als fakultative
Merkmale des Formats. Die Hybridisierung sowie der Realitätsbezug[10] erweisen sich als
konstitutive Merkmale, da sie offenbar den Grundbaustein des Formats darstellen. Nach LÜCKE
würde mit der Verwendung der Bezeichnung Reality TV als Oberbegriff akzeptiert werden, dass
nicht alle Wesensmerkmale der Subgenres mit diesem übereinstimmen. Eine eindeutige und
Berührungspunkte ausschließende Einordnung von Sendungen zu verschiedenen
Programmformen sei laut ihr im Zuge der stetigen Entwicklung neuer Hybridformen nicht mehr
möglich (Vgl. Lücke 2002, 25).

Big Brother als Prototyp und Wegbereiter

Die Reality Soap *Big Brother*, die seit ihrer deutschen Erstausstrahlung im Jahr 2000 die meist
diskutierte Show des Formats zu sein scheint und seither als ‚Prototyp' des Reality TV betitelt wird
(Vgl. Mikos 2010, 72), bindet Showelemente in die „Darstellungskonvention jugendorientierter
Langzeitserien" (Bleicher 2002, 230) ein, scheint Realität mit Selbstdarstellung zu vermischen und
lässt das Alltägliche durch performative Elemente außergewöhnlich erscheinen. LOTHAR MIKOS ET
AL. definieren die Show wie folgt:

> Das Format *Big Brother* ist eine nach den Darstellungsweisen und der Dramaturgie von Soap
> Operas inszenierte verhaltens- und persönlichkeitsorientierte Spielshow, die auf der Echtzeit-
> Inszenierung des Spiels *Big Brother* basiert. Im Rahmen des Spiels *Big Brother* finden weitere
> Spiele, gewissermaßen als Spiele im Spiel statt. In diesem Sinn ist es keine Docu- oder Real-
> life- Soap, sondern ein um die Inszenierung von Authentizität bemühtes, auf die Alltagswelt
> von Zuschauern und Kandidaten Bezug nehmendes Format, das zum performativen
> Realitätsfernsehen gezählt werden kann [Anm.: Hervorhebung im Original] (Mikos, Feise, et
> al. 2001, 55).

Big Brother ist allerdings nicht nur aufgrund der Hybridisierung unterschiedlicher Genres,
Inszenierungsstrategien und Inhalte ein nennenswertes Programm. Vor allem hinsichtlich der
Hintergründe der Kritik an der Show scheint *Big Brother* an dieser Stelle erwähnenswert.

---

[10] Gemeint ist nicht, dass Reality TV nicht fiktional ist, sondern eher, dass das Format den Anspruch hat,
möglichst real zu wirken. Dies lässt sich aus den innerhalb dieses Kapitels genannten Beschreibungen des
Formats schlussfolgern.

Wie BLEICHER erklärt, handelt es sich bei *Big Brother* um eine ‚Dauerbeobachtung des Alltags'
deren offenbare Direktheit dieser Beobachtungssituation (Vgl. Bleicher 2002, 228) enorme Kritik
ausgelöst hat. Besonders stark wird der angeblich durch das Format ausgelöste Voyeurismus
angeprangert. Die Medien berichten von „Voyeurismus als Volkssport"[11] und vom
„Spannerspektakel"[12]. Sogar auf politischer Ebene entsteht eine Debatte, welche die Verletzung
der Menschenwürde aufgrund der ständigen Beobachtung der Kandidaten thematisiert (Vgl.
Mikos, Feise, et al. 2001, 184).[13] Noch vor der Erstausstrahlung in Deutschland wird bereits das
Verbot der Sendung gefordert. Diese Forderung wird allerdings aufgrund des Verbots der
Vorzensur[14] von den Landesmedienanstalten ignoriert (Vgl. Mikos, Feise, et al. 2001, 184f.). Nie
zuvor, so schreiben NIELAND, SCHICHA UND SCHWEER, habe in der deutschen Fernsehgeschichte eine
Sendung derart breite öffentliche Resonanz hervorgerufen (Vgl. Nieland, Schicha und Schweer
2002, 12).

Trotz, oder womöglich gerade aufgrund der extremen Kritik, konnte das Programm enorme
Erfolge verzeichnen und war von 2000 bis 2011 auf dem deutschen Fernsehmarkt präsent. Die 12.
Staffel wurde in diesem Jahr ausgestrahlt und hat sich insofern von den bisherigen Staffeln
unterschieden, dass zwei Wochen lang ausschließlich Prominente das Haus bewohnt haben.[15] Seit
September dieses Jahres ist auch das Original wieder zurück. Die Presse schreibt: „Die Show, die
Voyeurismus mit nackter Haut und Wutanfällen wohnzimmergerecht gestaltet, wird nun wieder
aufgewärmt."[16] Die Aufmerksamkeit, die *Big Brother* auf sich ziehen konnte – sei es durch die
starke Resonanz, oder auch durch die zu Beginn unübliche Integration unterschiedlichster Genres
– scheint unter anderem dafür gesorgt zu haben, dass sich das Spektrum der Unterhaltungsshows
der 90er Jahre fortan erweiterte (Vgl. Bleicher 2002, 230). So haben sich im Laufe der Jahre neben

---

[11] Hetzel, Helmut. „Voyeurismus als Volkssport. Für TV-Show werden Menschen eingesperrt und rund um
die Uhr gefilmt." *DIE WELT*. 30. September 1999. http://www.welt.de/print-
welt/article585731/Voyeurismus-als-Volkssport.html (Zugriff am 15. November 2015).
[12] Oliver Gehrs, Thomas Tuma. „Richtig ausquetschen." *DER SPIEGEL*. November 2000.
http://www.spiegel.de/spiegel/print/d-15930910.html (Zugriff am 15. November 2015).
[13] „Die moralisch aufgeladene öffentliche Debatte sorgte dafür, daß [sic] das Interesse an der Sendung
bereits im Vorfeld der bundesdeutschen Ausstrahlung gewachsen ist. Kaum ein prominenter Politiker oder
Vertreter gesellschaftlich relevanter Gruppen hat auf ein Statement zu *Big Brother* verzichtet. [...] Primär
bestimmten [...] die negativen Reaktionen auf das Fernsehformat *Big Brother* [...] die Debatte." (Schicha, Ein
Experiment wie mit Ratten? Big Brother und die Moraldebatte 2002, 109).
[14] In Art 5, Abs. 1, Satz 3 im Grundgesetz wird die Vorzensur verboten.
[15] Vgl. tz. „Big Brother 2015: Alle Infos zur neuen Staffel." *tz*. 24. September 2015.
https://www.tz.de/tv/big-brother-2015-tv-sky-sixx-sendezeiten-neue-staffel-start-finale-tz-5539314.html
(Zugriff am 15. November 2015).
[16] Rave, Carsten. „Nach vier Jahren kommt „Big Brother" zurück." Sächsische Zeitung. 22. September 2015.
http://www.sz-online.de/nachrichten/kultur/nach-vier-jahren-kommt-big-brother-zurueck-3204438.html
(Zugriff am 15. November 2015).

Big Brother viele neue Programme dieser oder ähnlicher Art innerhalb des Reality TV Formats entwickeln können, die heute eben dieses ausmachen.

2. Voyeurismus: Die psychoanalytische Filmtheorie in Anlehnung an Freud

CHRISTIAN METZ schreibt 1984 in Bezug auf die Veröffentlichung seines Werks *Der imaginäre Signifikant*: „Man weiß längst, daß [sic] sich die Freudsche[sic] Psychoanalyse nicht nur für das Studium des kranken Menschen interessiert. Dieses Werkzeug der Erkenntnis hat einen viel größeren Anwendungsbereich" (Metz 2000, 7). Hierbei stützt sich METZ unter anderem offenbar auf die Übernahme der Theorien FREUDS in die Filmwissenschaft, denn seit Mitte der 1970er Jahre wird der Kinofilm, unter anderem eingeleitet durch Schriften von CHRISTIAN METZ, immer wieder im Kontext der freudschen Psychoanalyse untersucht (Vgl. G. Schneider 2009, 111-115). „In der psychoanalytischen Filmtheorie [geht es] um die In-Beziehung Setzung des Films zu unbewussten Prozessen" (G. Schneider 2009, 114) wie beispielsweise dem Phänomen des Voyeurismus.

Mein Bestreben innerhalb der folgenden Untersuchung ist es, mit Hilfe der psychoanalytischen Filmwissenschaft das Format des Realitätsfernsehens auf mögliche den Voyeurismus fördernde Inszenierungsstrategien zu untersuchen. Im Nachfolgenden werde ich mich hierfür sowohl mit CHRISTIAN METZ' Werk *Der imaginäre Signifikant. Psychoanalyse und Kino*, als auch mit LAURA MULVEYS Aufsatz *Visuelle Lust und narratives Kino* auseinandersetzen. Beide greifen die Psychoanalyse FREUDS auf und stellen seine den Voyeurismus betreffenden Überlegungen der Lust des Betrachtens von kinematographischen Inhalten gegenüber.

Die Tatsache, dass der Film, das Fernsehen, die Zeitung sowie die Medien im Allgemeinen vielfach mit visuellen Reizen operieren, wird beim Betrachten der genannten Medien deutlich. Man denke nur an die audiovisuelle Gestaltung von Werbung, an die Fernsehnachrichten oder aber an die von Pressefotos begleiteten Artikel unterschiedlicher Zeitungen. Durch gewisse Inszenierungsstrategien versuchen die Medien offenbar eine Art Schaulust und Neugier beim Betrachter auszulösen. Bereits 1905 thematisiert SIGMUND FREUD das Phänomen der Schaulust, welche für ihn gleichgestellt ist mit dem ‚Wisstrieb' (Vgl. Freud, Kapitel 14). Den Voyeurismus hebt Freud von der sogenannten Schaulust ab, denn ersteren ordnet er den Perversionen zu, welche durch das „Verweilen bei den intermediären Relationen zum Sexualobjekt" (Freud, Kapitel 3) gekennzeichnet sind. Im Unterschied zur normalen Schaulust, welche laut FREUD im Dienste des Erreichens des Sexualziels stünde (Vgl. Eisentraut 2009, 424f.), sei das voyeuristische Schauen insofern pervers, da hierbei das Auge anstelle der Haut zur erogenen Zone würde (Vgl. Freud, Kapitel 6). Das Auge scheint also die von FREUD beschriebene intermediäre Relation, demnach die vermittelnde Beziehung zwischen dem schauenden Subjekt und dem (Sexual)-Objekt zu sein. Nur die Scham, so schreibt FREUD, sei ‚die Macht', die der Schaulust entgegensteht und diese aufheben kann (Vgl. Freud, Kapitel 3).

Da der Voyeur nicht agiert, sondern eine Art Anonymität bewahrt, die dem beobachteten Objekt durch den voyeuristischen Akt genommen wird (Vgl. Eisentraut 2009, 426), lässt sich das voyeuristische Schauen an sich auch mit anderen, nicht notwendigerweise sexuell orientierten intermediären Relationen assoziieren. So ist es beispielsweise die genannte Anonymität sowie das Verweilen bei den vermittelnden Beziehungen zwischen Subjekt und Objekt, welche CHRISTIAN METZ auf die Kinosituation bezieht und innerhalb der psychoanalytischen Filmwissenschaft untersucht. Innerhalb seiner den Voyeurismus betreffenden Schriften bezieht sich METZ vorwiegend auf die Wahrnehmungsleidenschaften, deren Objekt der Begierde immer ein Abwesendes sei und im Falle des skopischen Triebes (dem Trieb des Sehsinns) den Voyeurismus hervorrufe (Vgl. Metz 2000, 44/ 57). LAURA MULVEY wiederum beschäftigt sich innerhalb ihres Aufsatzes *Visuelle Lust und narratives Kino* hauptsächlich mit der freudschen Theorie über die Entdeckung des anatomischen Geschlechterunterschieds und der damit einhergehenden Kastrationsangst[17]. Der britischen Filmtheoretikerin zufolge wird die voyeuristische Schaulust nicht nur durch das Betrachten eines Films hervorgerufen, sondern ist vor allem für die Lust am Rezipieren des Films notwendig: So würde die genannte Angst erst durch das Hervorrufen von (voyeuristischer) fetischistischer Skopophilie oder durch (voyeuristischen) Sadismus kompensiert werden (Vgl. Mulvey 1994, 58/ 63ff.).

Durch eben solche Bezugnahmen der Filmwissenschaft auf die psychoanalytischen Konzepte FREUDS konnten die Theorien beider Bereiche aneinander gekoppelt und hinsichtlich medienästhetischer Untersuchungen verwendet werden. Die Auseinandersetzung mit den genannten Werken von MULVEY und METZ ist an dieser Stelle allerdings nicht nur zum Verständnis der Kopplung von Psychoanalyse und Filmwissenschaft sinnvoll. Die Theorien sollen zudem die Grundlage der medienästhetischen Untersuchungen des Reality TV Formats bilden.

---

[17] SIGMUND FREUD selbst thematisiert die Kastrationsangst innerhalb *Kleine Schriften II - Kapitel 29* (Vgl. Sigmund Freud. „Kleine Schriften II - Kapitel 29." *Spiegel Online Kultur. Projekt Gutenberg.* http://gutenberg.spiegel.de/buch/kleine-schriften-ii-7122/29 (Zugriff am 15. November 2015).

In der Freudianischen Psychologie ist das Anschauen und das Angeschaut-Werden ein Doppel von auto- und objekterotischen Impulsen menschlicher Sexualität. Filme ziehen Gewinn aus solchen Antrieben, weil sich die Schaulust in der Dunkelheit des Kinos weitestgehend unkontrolliert entfalten kann.[18]

Inwiefern die Schaulust im Kino, auf welche sich METZ und MULVEY beziehen, mit der vor dem Fernseher zu vergleichen ist, wird zusätzlicher Gegenstand der Untersuchung sein.

Der imaginäre Signifikant: CHRISTIAN METZ über die Skopophilie

Innerhalb seines 1977 veröffentlichten Werkes *Der imaginäre Signifikant* verweist CHRISTIAN METZ auf zwei Arten von Voyeurismus: Eine Art beruhe auf „beidseitige[r] Übereinstimmung und aktive[r] Komplizenschaft in beide Richtungen [...]"(Metz 2000, 75), während die andere, die des Films, auf einer Verneinung beruhe und somit, im Gegensatz zur anderen Art, nicht exhibitionistisch sei (Vgl. Metz 2000, 75). Der Film, so schreibt METZ, sei „ein Objekt, dessen Ränder ohne Brüche sind und das deshalb nicht in ein Innen und Außen aufgebrochen werden kann, in ein Subjekt, das fähig ist ‚Ja!' zu sagen" (Metz 2000, 76). Anstatt den Exhibitionismus dem Film komplett abzuschreiben, könnte man im Sinne von METZ auch sagen, der Film sei sowohl Exhibitionist als auch ‚Geheimniskrämer' und die Befriedigung, die durch ihn ausgelöst wird, beruhe auf dem Wissen, dass das Objekt, dort, wo es beobachtet wird, nicht weiß, dass es beobachtet wird (Vgl. Metz 2000, 76). Eine Strategie, die ein Film also verfolgen müsse, um die voyeuristische Schaulust größtmöglich auszulösen, sei die, bei welcher der Schauspieler sich vor der Kamera derart verhält, dass der Zuschauer den Eindruck gewinnt, dieser wisse nicht, dass er beobachtet wird. METZ schreibt, der Schauspieler solle seinen normalen Tätigkeiten derart nachgehen, als ob er dabei nicht gesehen werden würde (Vgl. Metz 2000, 76f.). Des Weiteren sei der Kader und die richtungsweisende und gegebenenfalls unvollständige Enthüllung, welche die Kameratechnik ermöglicht, für den kinematographischen Voyeurismus bedeutend (Vgl. Metz 2000, 70). Laut Metz spiele vor allem der Film mit direkt erotischer Thematik oftmals zugleich mit der Erregung des Begehrens und mit dessen Zurückhaltung, welche wiederrum die Erregung begünstigt (Vgl. Metz 2000, 70). Somit lässt sich festhalten, dass die physische Distanz zum Objekt, oder wie Metz schreibt, die ‚Kluft' zwischen Subjekt und Objekt, eine grundlegende Voraussetzung für das voyeuristische Schauen bildet (Vgl. Metz 2000, 57). Die „*nicht autorisierte* Skopophilie der Urszene [Anm.: Hervorhebung im Original]" (Metz 2000, 60) wird daher, um in

---

[18] Meder, Thomas. „Schaulust." *Lexikon der Filmbegriffe*. 23. Dezember 2012. http://filmlexikon.uni-kiel.de/index.php?action=lexikon&tag=det&id=8186 (Zugriff am 15. November 2015).

Metz' Worten zu sprechen, vom kinematographischen Voyeurismus geradliniger fortgesetzt, als beispielsweise von dem der Institution des Theaters (Vgl. Metz 2000, 60).

Der skopische Trieb, welchen Metz durch die Beschaffenheit des Kino-Regimes gefördert sieht, scheint laut ihm außerdem überhaupt erst die Kinoaktivität zu ermöglichen (Vgl. Metz 2000, 56). Von Freud als Sexualtrieb bezeichnet, beruhe der Wunsch des Sehens (skopischer Trieb), zusammen mit dem Wunsch des Hörens auf einem Mangel, einer immer mehr oder weniger präsenten Unbefriedigtheit (Vgl. Metz 2000, 56f.), und sei daher von vornherein sehr stark vom Imaginären gekennzeichnet (Vgl. Metz 2000, 56). Der erwähnte Mangel verdeutlicht somit die Abwesenheit des Objekts und lässt sich erneut auf das Kino-Dispositiv zurückführen. Beim Kino, so Metz, handle es sich um eine Art ‚verfehltes Rendezvous‘, das dazu beiträgt, das voyeuristische Schauen, welches durch die Unbefriedigtheit des skopischen Triebs ausgelöst wird, aufrecht zu erhalten (Vgl. Metz 2000, 60). Eine Überwindung der Distanz würde den skopischen Trieb und somit auch das voyeuristische Schauen beenden und andere Triebe, welche die Kontaktsinne betreffen, hervorrufen (Vgl. Metz 2000, 58). Allerdings ist es nicht nur das Überwinden der physischen, sondern auch das Überwinden der psychischen Distanz, welches den Voyeurismus aufhebt. Wie bereits anhand von Freuds Theorien beschrieben, wird auch im Falle des Auslösens von Scham, beispielsweise durch die Erwiderung des Blickes, die voyeuristische Skopophilie unterbrochen. Metz schreibt: „Der Voyeur setzt räumlich den Bruch in Szene, der ihn für immer vom Objekt trennt; er inszeniert seine Unbefriedigtheit (die er als Voyeur eben gerade braucht) und somit auch seine ‚Befriedigung‘, insofern sie voyeuristischer Art ist" (Metz 2000, 58).

Identifikation als Voraussetzung für voyeuristische Skopophilie

Die Voraussetzung für die Möglichkeit der voyeuristischen Befriedigung durch den Film sieht Metz in der Fähigkeit des Menschen, den imaginären Signifikanten, welcher der Kinofilm ist, als solchen wahrzunehmen und zu verstehen (Vgl. Metz 2000, 44ff.). Dieser, so Metz, sei deshalb imaginär, weil er die Realität nur zitiere und somit wie eine Art Spiegel funktioniere (Vgl. Metz 2000, 11; 46-49). Hierbei bezieht sich Metz auf Jacques Lacans Neuinterpretation der freudschen Theorie und beschreibt, dass durch den Film als imaginären Signifikanten die Identifizierungsspiele des Kindes vor dem Spiegel reaktiviert würden (Vgl. Metz 2000, 8), welche nach Lacan beim Kleinkind zwischen dem sechsten und dem achtzehnten Monat dazu beitrügen dass das Kind sich mit sich selbst zu identifizieren erlernt und den Unterschied zwischen Subjekt und Objekt bestimmen kann (Vgl. Metz 2000, 47). Voraussetzungen für die Wahrnehmung des imaginären Signifikanten Film sei somit zum einen das Wissen des Subjekts, dass es ein Subjekt ist, und zum anderen das Wissen, dass das Betrachtete ein Objekt ist (Vgl. Metz 2000, 47). Metz erklärt: „Er kennt sich und seines gleichen: Diese Ähnlichkeit muss ihm nicht mehr förmlich auf der Leinwand *vor die Augen* geführt werden wie im Spiegel seiner Kindheit [Anm.: Hervorhebung im Original]" (Metz 2000, 47).

Das Kino verlangt demnach, dass die ursprüngliche ‚Undifferenziertheit' von Subjekt (Ich) und Objekt (Nicht-Ich) überwunden ist (Vgl. Metz 2000, 47). Ist dies der Fall, wird der Zuschauer selbst zu dem Ort, an dem „das wirklich wahrgenommene Imaginäre symbolisiert wird [...]" (Metz 2000, 49). Indem der Zuschauer um sich selbst als Subjekt weiß, identifiziert er sich mit sich selbst als „reinen Wahrnehmungsakt [...] und als Bedingung der Möglichkeit des Wahrgenommenen [...]" (Metz 2000, 49). Indem sich der Zuschauer der Objekthaftigkeit des Films bewusst ist, identifiziert er sich zugleich außerdem mit den technischen Voraussetzungen des imaginären Signifikanten. In diesen Rollen wird er zum Projektor (Auslöser), zur Leinwand (Empfänger) und zur Kamera, als welche er den Film als Objekt anpeilt und das Angepeilte gleichzeitig aufnimmt (Vgl. Metz 2000, 51). Laut METZ mache der Zuschauer den Film und sei somit „*konstituierende* Instanz des kinematographischen Signifikanten [Hervorhebung im Original]" (Metz 2000, 48).

Es lässt sich das Folgende zusammenfassend formulieren: In Anlehnung an METZ scheint zu einem gewissen Grad das Verweilen bei den intermediären Relationen, sprich beim Wechselverhältnis der Informationsübermittlung, welches nach der freudschen Theorie einen voyeuristischen Charakter hat, notwendig, um den Film als solchen überhaupt wahrzunehmen. Der Zuschauer allein, kann „durch einfaches Augenschließen den Film außer Kraft setzen [...]" (Metz 2000, 51). Die Skopophilie wiederum, die als Sehtrieb von FREUD zu den Sexualtrieben gezählt wird, verursacht das genannte Verweilen, bei welchem sich der Zuschauer zumeist in der Dunkelheit befindet, während die Lichtöffnung der Kinoleinwand wie ein Schlüsselloch erscheint (Vgl. Metz 2000, 60). Die genannten intermediären Relationen scheinen bei der kinematographischen Schaulust allerdings nicht nur das Auge, sondern vor allem die Leinwand zu betreffen. Dadurch, dass der Zuschauer den Blick des einfangenden und darstellenden Apparats einnimmt, sieht er durch ein fremdes Auge, nämlich durch das der Kamera. Was die Kamera sieht, wird auf der Leinwand abgebildet, wodurch eben diese zum eigentlichen Auge wird. Somit findet ein Verweilen bei den intermediären Relationen (den vermittelnden Beziehungen zwischen Subjekt und Objekt) statt, im Falle des Kinos zwischen Auge und Leinwand.

Visuelle Lust und narratives Kino: LAURA MULVEY über Fetischismus und voyeuristischen Sadismus

So wie METZ lehnt sich auch LAURA MULVEY an die freudsche Theorie an, überträgt diese auf die Kinowissenschaft und beschreibt den skopischen Trieb als die Ermöglichung der Kinoaktivität: Als eine der „Instinktkomponenten [...], die als Triebe relativ unabhängig von den erogenen Zonen existieren" (Mulvey 1994, 51) beschreibt MULVEY den Sehtrieb als die erotische Basis für die Lust, eine andere Person als eine Art Objekt anzuschauen (Vgl. Mulvey 1994, 52). Auch Mulvey verweist innerhalb ihres 1975 verfassten Aufsatzes *Visuelle Lust und narratives Kino* auf die den Voyeurismus fördernden Gegebenheiten, die dem Kino-Regime zu eigen sind: „Nicht zuletzt", so schreibt MULVEY, „trägt der extreme Kontrast zwischen der Dunkelheit des Zuschauerraums [...] und der Helligkeit der wechselnden Licht- und Schattenmuster dazu bei, die Illusion voyeuristischer Distanziertheit zu befördern" (Mulvey 1994, 52). Den Zuschauern wird eben hierdurch, sowie vielmals durch bestimmte Erzählstrategien, die dazu dienen, dem Betrachter eine ‚hermetisch abgeschlossene Welt' zu präsentieren, vorgetäuscht, dass sie Einblick in eine private Welt nehmen (Vgl. Mulvey 1994, 52).

Die Lust, die beim Betrachten privater Welten oder anderer Personen als Objekt entfacht, beschreibt die Theoretikerin als die Erfüllung des „ursprünglichen Wunsch[es] nach lustvollem Betrachten" (Mulvey 1994, 52f.). Diese Lust ist die Skopophilie.

Des Weiteren entstehe die Lust am Kino zusätzlich noch aus einer zweiten Komponente, die aus der Identifikation erwächst und somit eine narzisstische Lust hervorruft (Vgl. Mulvey 1994, 53f.). MULVEY erklärt: „Hier mischen sich Neugierde und der Wunsch zu betrachten mit der Faszination von Ähnlichkeit und Wiedererkennen" (Mulvey 1994, 53). Somit ist die erste Komponente skopophilischer Natur und ein Resultat der Sexualtriebe, während die zweite ein Phänomen der ‚Ich-Libido' darstellt (Vgl. Mulvey 1994, 54). Nach MULVEY sei diese ‚Dichotomie' bereits für Freud von entscheidender Wichtigkeit gewesen (Vgl. Mulvey 1994, 54). Sie schreibt: „Obwohl er meinte, daß [sic] beide interagieren und einander überlagern, markiert die Spannung zwischen instinktuellen Trieben und Selbsterhaltung einen dramatischen Kontrast in der Lust" (Mulvey 1994, 54).

Allerdings verweist MULVEY innerhalb ihres Aufsatzes auch auf ein Problem, das mit der kinematographischen Darstellung der Frau als Lustobjekt zusammenhängt. Gemäß MULVEY, die sich hierbei erneut auf FREUD stützt, verursache die Abbildung der Frau nicht nur Lust, sondern auch Angst und Unbehagen: „Die Frau steht für sexuelles Anderssein, für die Abwesenheit des Penis [...], für die materielle Evidenz des Kastrationskomplexes [...]" (Mulvey 1994, 58). Die Lösung für dieses Problem sieht MULVEY zum einen im sadistischen Voyeurismus, zum anderen im Fetischismus (Vgl. Mulvey 1994, 58). Beides, sowohl Voyeurismus, als auch Fetischismus, seien Inszenierungsstrategien, derer sich das Kino bedienen müsse, um die Lust am Schauen aufrecht zu erhalten (Vgl. Mulvey 1994, 63ff.). Bei der Strategie des sadistischen Voyeurismus spiele die Abwertung des (Sexual-)Objekts eine Rolle. Die fetischistische Skopophilie bediene sich der offensichtlichen, somit physischen Schönheit des Objekts und mache somit einen Fetisch aus diesem (Vgl. Mulvey 1994, 58). Das ‚männliche Unbewusste', welches laut MULVEY nach FREUD sowohl im männlichen als auch im weiblichen Organismus präsent ist, könne somit entweder das ‚Trauma' erneut erfahren, wobei ein Gegengewicht durch Bestrafung oder Rettung des Lustobjekts geschaffen werden müsse, oder die Kastrationsangst ignorieren, indem die weibliche Figur selbst in einen Fetisch umwandelt würde (Vgl. Mulvey 1994, 58). Letzteres würde schließlich dazu führen, dass die Frau als Objekt nicht mehr als Bedrohung, sondern eher als Bestätigung wahrgenommen wird. MULVEY spricht diesbezüglich von einer Art Überbewertung (Vgl. Mulvey 1994, 58).

Über die Distanz zum einen, aber auch über sadistische oder fetischistische Inszenierungsstrategien zum anderen, spielt der Film mit den voyeuristischen Phantasien der Zuschauer. Nach LAURA MULVEY „inaugurieren die filmischen Codes einen Blick, eine Welt und ein Objekt, die eine Illusion erzeugen, die auf den Maßstab des Verlangens zugeschnitten sind" (Mulvey 1994, 64). So wird beispielsweise der Blick der Kamera unterdrückt, sodass eine Welt erschaffen werden kann, in welcher der Darsteller als Stellvertreter des Zuschauers überzeugend handeln kann (Vgl. Mulvey 1994, 65), sodass der Zuschauer wiederrum das Gefühl entwickeln kann, ein Teil dieser Welt zu sein. Trotz der Kluft zwischen Leinwand und Zuschauerraum entsteht so keine *visuelle*, sondern nur eine *physische* Distanz. Die Befreiung des Blickes der Kamera, so MULVEY, würde eine leidenschaftliche Trennung herbeiführen und die voyeuristische Befriedigung und Lust des ‚unsichtbaren Gastes' zerstören (Vgl. Mulvey 1994, 65).

Besonders im Format des Reality TV scheint eine solche Befreiung des Blickes der Kamera, oder wie MULVEY schreibt, eine Verdeutlichung deren Materialität (Vgl. Mulvey 1994, 65), allerdings vielmals als Hauptinszenierungsstrategie eingesetzt zu werden. Die dokumentarische Kameraführung, welche das Format oftmals zur Unterstreichung des Realitätscharakters nutzt, schafft in erster Linie eher eine Abgrenzung zu der gezeigten Welt und kein Verschmelzen mit ihr, wie es im narrativen Kinofilm oft der Fall ist. Fernsehen und insbesondere Reality TV, stellt rein ästhetisch offenbar ein ganz anderes Phänomen dar. Trotzdem wird es, wie in dieser Arbeit aufgezeigt, vielmals mit dem Begriff Voyeurismus in Verbindung gebracht. Und voyeuristisch scheint Reality TV in gewisser Weise auch zu sein, denn es zeigt private Inhalte und wahrt trotzdem Distanz.

3. Strategien der lustvollen Betrachtung am Beispiel von Reality TV

„In the world of television everything is everyone's business and the viewers are curious, invisible, silent third-party voyeurs into other's people's lives [Anm.: Hervorhebung im Original]"[19] (Calvert 2000, 55).

Die Journalisten thematisieren es, die Kommunikationswissenschaftler diskutieren es und die breiten Massen kritisieren es: Das Phänomen Voyeurismus im Zeitalter des Reality TV. Der amerikanische Massenkommunikationswissenschaftler CLAY CALVERT widmet eben diesem Phänomen sogar ein komplettes Buch, benennt es *Voyeur Nation* und diskutiert auf über 200 Seiten die unterschiedlichen Ausprägungen von mediatisiertem Voyeurismus.[20] Hierbei unterteilt er diesen in vier unterschiedliche Arten: ‚non-scripted voyeurism' (auch ‚video vérité voyeurism') ‚reconstruction voyeurism', ‚tell-all/ show-all voyeurism' und ‚sexual voyeurism' (Vgl. Calvert 2000, 4; 6; 7; 10). Die zwei erstgenannten Arten scheinen für diese Arbeit die relevantesten zu sein. CLAY beschreibt non-scripted voyeurism als „moments of real life captured by camera" (Calvert 2000, 4) und verweist somit auf die Art Genre, welches ich innerhalb dieser Arbeit als followed beschreibe. Reconstruction voyeurism wiederum ist als planned zu verstehen und begünstigt das voyeuristische Schauen nach CALVERT wie folgt: „These shows are voyeuristic because we are able to watch, albeit by reconstruction, the sordid and sensational details of others' lives without interacting" (Calvert 2000, 6). Auch der von CALVERT als sexual voyeurism beschriebene mediatisierte Voyeurismus scheint für das Reality TV von Bedeutung zu sein, denn wie in dieser Arbeit bereits beschrieben, offenbaren sich ‚Sexualisierungstendenzen' als „Kernelement der digitalisierten Gesellschaft" (Stapf und Rademacher 2015, 58f.). Zwar schreibt CALVERT: „The bulk of our broadcast voyeurism is nonsexual and has nothing to do with observing unsuspecting people in a state of nakedness" (Calvert 2000, 49), doch hat sich bereits innnerhalb der den Voyeurismus betreffenden Theorien der psychoanalytischen Filmwissenschaft gezeigt,

---

[19]Zitiert nach Robert Abelman, *Reaching A Critical Mass*, 1998.
[20]CLAY „explore[s] mediated voyeurism in its many and varied forms and manifestations today" (Calvert 2000, 13).

dass Nacktheit oder auch sogenannte Sexualisierungstendenzen keine Voraussetzung für das Hervorrufen voyeuristischen Schauens sind, dieses jedoch begünstigen können.[21]

Wendet man sich also der psychoanalytischen Filmwissenschaft zu, so fallen hinsichtlich des imaginären Signifikanten Kino einige Unterschiede zum Signifikanten Fernsehen, konkret zum Reality TV, auf. Zum einen ist der Ort, an dem geschaut wird – anders als im Kino – zumeist nicht abgedunkelt, wodurch die Schlüssellochperspektive ausbleibt. Der Fernsehzuschauer ist unter den anderen Zuschauern auch nicht unbedingt anonym, sondern vor dem Fernseher vielmals sogar im Kreise der Familie oder unter Freunden. Oft wird in Anlehnung an das gemeinsame Fernsehen sogar von einem ,sozialen Beisammensein' (Vgl. Holly, Püschel und Bergmann 2001, 68) oder von einer ,soziale[n] Veranstaltung' (Vgl. Hepp 1998, 218) gesprochen, was der Anonymität, die der Voyeurismus nach der freudschen Theorie benötige, entgegenstehe. Zum anderen kann, vor allem in Hinblick auf die Inszenierungsstrategien derer sich Reality TV vielmals bedient, die Unterdrückung des Blickes der Kamera verneint werden. Eine dokumentarische Kameraführung dient nach HIßNAUER der glaubwürdigen Darstellung. die das Format zu vermitteln versucht. Er schreibt: „Der ›Schein‹ von Authentizität wird in *jeder* dokumentarischen Form durch die bewusste Verwendung von Authentisierungsstrategien inszeniert [Hervorhebung im Original]" (Hißnauer 2011, 349). Die Intention, real zu erscheinen, sei somit laut ihm der Grund dafür, „dass viele Reality TV-Produktionen ihren Konstruktcharakter *nicht verschleiern, sondern offen zur Schau stellen* [Hervorhebung im Original]" (Hißnauer 2011, 349). Dennoch offenbart sich genau dieser Wirklichkeitsanspruch als Voraussetzung dafür, den Begriff des Voyeurismus mit dem Format des Realitätsfernsehens in Verbindung zu bringen. Die Illusion in eine private Welt zu schauen, die der Kinofilm hervorruft, scheint beim Reality TV kaum *Illusion* zu sein, denn was präsentiert wird, wird eben auf eine ganz gewisse Art und Weise präsentiert, um möglichst realitätsnah zu erscheinen.

Da der beobachtende Blick des Zuschauers auch beim Betrachten von Realitätsfernsehen oftmals nicht erwidert wird, tritt kein Schamgefühl ein, welches die Schaulust gefährden und das Verweilen bei den intermediären Relationen unterbrechen würde. Auch die Tatsache, dass im Reality TV "normale" Personen und keine prominenten Schauspieler zu sehen sind, die von ihren mehr oder weniger echten – jedoch als echt und real präsentierten – Problemen berichten, offenbart sich als eine den Voyeurismus optimal fördernde Inszenierungsstrategie. In Anlehnung an die neuen Medien, die immer authentischer das Leben Anderer präsentieren, spricht Hammel

---

[21] Vgl. Kapitel 3, konkret S. 18 (Unterkapitel: Der imaginäre Signifikant: CHRISTIAN METZ über die Skopophilie).

sogar von einer ‚Universalisierung' des Voyeurismus (Vgl. Hammel 1992, 12). Das Realitätsfernsehen betreffend ist diese Bezeichnung nachvollziehbar. Ähnlich wie der Film ist die jeweilig gezeigte Show kein Subjekt, das, wie Metz es formuliert hat, "Ja" sagen kann. Ebenso wie das Opfer eines Voyeurs im psychologischen Sinn, oder wie der Film im Sinne der psychoanalytischen Filmwissenschaft, weiß der Signifikant Reality TV nicht, dass er betrachtet wird – jedenfalls nicht in dem Moment, in dem er betrachtet wird. Eben hierauf kann sich der Zuschauer in der Rolle des Voyeurs ausruhen. Auch andere dem kinematographischem Voyeurismus eigene Charakteristika, wie beispielsweise die erotische Thematik oder die Fetischisierung des (Lust)-Objekts, scheinen innerhalb des Realitätsfernsehens eine große Rolle zu spielen. Innerhalb der nachfolgenden Analyse zweier unterschiedlicher Reality TV Genres werde ich erarbeiten, inwiefern eben diese als Inszenierungsstrategien verstanden werden können und ob sie im Sinne FREUDS und in Anlehnung an die Theorien von METZ und MULVEY als solche zur Steigerung der voyeuristischen Skopophilie dienlich sind.

Der offensichtlich gestiegene Bedeutungszuwachs des Mediums Fernsehen – nicht nur als Massenkommunikationsmittel, sondern auch als Unterhaltungsmedium – der Industrieländer, scheint dafür verantwortlich, dass auch die theoretisch-wissenschaftliche Auseinandersetzung mit eben diesem innerhalb der letzten zwei Jahrzehnte nicht stagnierte, sondern sich mit dem Medium fortwährend weiterentwickelte. So werden die unterschiedlichen Formate des Fernsehens, wie durch die Abhandlungen zur Entwicklung des Reality TV im ersten Teil dieser Arbeit deutlich wird, fortwährend hinsichtlich Produktionsbedingungen, Ästhetik und Inhalt untersucht. Die Fernsehwissenschaft stellt ein Teilgebiet der Medienwissenschaft dar, welche sich neben dem Medium Fernsehen auch mit dem Film auseinandersetzt. „Gegenstand des Fachs sind die audio-visuellen Medien, ihre Geschichte, Theorie und Ästhetik. Ein besonderes Interesse richtet sich auf die Analyse von Film und Fernsehen, insbesondere auf ihre spezifischen Kommunikationsstrukturen und ihre Position und Funktion innerhalb von Kultur."[22] Sowohl charakteristische Elemente des Inhalts als auch der Produktionsbedingungen und Ästhetik des Reality TV Formats wurden in dieser Arbeit bereits im Ansatz erarbeitet, jedoch noch nicht auf den Untersuchungsgegenstand bezogen. In der nachfolgenden Analyse werden die Kommunikationsstrukturen des Formats sowohl auf Eigenheiten hin untersucht, als auch mit denen des Films, konkret mit solchen, die Gegenstand der psychoanalytischen Filmwissenschaft sind, verglichen. Die zu untersuchenden Programme sind die narrative Reality Soap *Köln 50667*, welche seit 2013 bis heute täglich ausgestrahlt wird, sowie die performative Show *Newtopia*,

---

[22] filmlink. „Online-Informationsressourcen der Film- und Fernsehwissenschaft." *filmlink*. 24. Juli 2011. http://www.filmlink.de/index.htm (Zugriff 15. November 2015).

dessen Produktion nach knapp über 100 Folgen aufgrund zu niedriger Einschaltquoten eingestellt worden ist.

Followed Reality: *Newtopia*

„John de Mol bastelt sich neues «Big Brother» [...] [und das] hebt das Voyeur-Fernsehen noch einmal auf eine neue Ebene."[23] Dies schreibt ein Autor des Online-Fernsehmagazins *Quotenmeter* im Januar 2014 über die niederländische Show *Utopia*, welche das Vorbild der deutschen Reality Show *Newtopia* darstellt. Obwohl die deutsche Version derzeit für ein komplettes Jahr angesetzt ist und durch ihren niederländischen Erfolg gute Referenzen vorzuweisen hat, läuft sie dennoch nicht einmal die Hälfte der geplanten Zeit. Nach Folge 100 der insgesamt 106 Folgen wird beschlossen, dass *Newtopia* abgesetzt wird, während *Utopia* in den Niederlanden noch immer produziert wird.[24] Ein Autor von Focus-Online verkündet schon direkt nach dem Start der Show: „Wirklich unterhaltsam war der Auftakt [...] nicht".[25] Der Unterhaltungswert einer Show ist zwar subjektiv, dem Quotenabfall nach zu urteilen, scheint dieser allerdings nicht ausreichend gewesen zu sein: „Nachdem zu Beginn immerhin noch 2,8 Millionen Menschen einschalteten, waren es zuletzt nur noch etwa eine Million Zuschauer"[26]. Voyeuristisch sollte es zwar werden, doch blieb die erhoffte Masse der Voyeure, die ihre Schaulust an der Reality Show *Newtopia* befriedigen konnten, letztlich aus. Inwiefern ein Zusammenhang zwischen dem eingetretenen Desinteresse der Zuschauer an der Show – im übertragenen Sinne also zwischen der fehlenden Möglichkeit zur Aufrechterhaltung des skopischen Triebs – und dem Ausbleiben von Inszenierungsstrategien – im Sinne der genannten Komponenten – besteht, wird im Folgenden analysiert. Hierfür werde ich die Inhalte und die Ästhetik der ersten zwei und der letzten drei Folgen der von *Sat.1* online zur Verfügung gestellten Ausstrahlungen betrachten und analysieren, um einen groben Überblick über das Konzept der Reality Show zu vermitteln. Diese Folgen sind ausgewählt worden, um eine mögliche Entwicklung des Formats feststellen zu können. Außerdem werden einzelne Inhalte der

---

[23]Weis, Manuel. „John de Mol bastelt sich neues «Big Brother»." *Quotenmeter.* 9. Januar 2014. http://www.quotenmeter.de/n/68368/john-de-mol-bastelt-sich-neues-big-brother (Zugriff am 15. November 2015).
[24] Vgl. Utopia.nl. *Utopia.nl. Nieuws, video's en discussieplatform.* 2015. http://www.utopia.nl/livestream/ (Zugriff am 15. November 2015).
/ Nöthling, Timo. „In den Niederlanden: Was «Utopia» «Newtopia» voraus hat." *Quotenmeter.* 28. Juli 2015. http://www.quotenmeter.de/n/79746/in-den-niederlanden-was-utopia-newtopia-voraus-hat (Zugriff am 15. November 2015).
[25] Focus(spotOn). „„Newtopia": So unterhaltsam war der Auftakt." *FOCUS Online Nachrichten.* 23. Februar 2015. http://www.focus.de/kultur/kino_tv/newtopia-newtopia-so-unterhaltsam-war-der-auftakt_id_4497370.html (Zugriff am 15. November 2015).
[26] Süddeutsche(dpa, jobr, harl). „Sat.1 bricht "Newtopia" ab." *Süddeutsche Zeitung.* 20. Juli 2015. http://www.sueddeutsche.de/medien/aus-fuer-reality-show-sat-bricht-newtopia-ab-1.2574025 (Zugriff am 15. November 2015).

Show aufgegriffen, die innerhalb der Medien aufgrund ihres Skandalpotentials oder anderer Besonderheiten Aufmerksamkeit auf sich gezogen haben.

Die erste Folge von *Newtopia* bietet wenig Analysematerial, da diese eher eine Art Einführung in die Sendung darstellt und nur vereinzelt die grundlegende audiovisuelle Umsetzung der Show offenbart. Die in der Show als Pioniere betitelten Kandidaten werden grob vorgestellt[27] und der Inhalt der Show wird durch einen Sprecher beschrieben[28]. Nach der Einführung werden die Pioniere zunächst erneut in ihre Heimat gefahren, um innerhalb von 15 Minuten all das, was sie zu benötigen glauben, in einer bereitgestellten Kiste zu verstauen. Hierbei erhält der Zuschauer Einblicke in die privaten Lebensräume der Kandidaten, die jenem hinter den Türen von Newtopia verborgen bleiben. Wie von MULVEY beschrieben, stellt die Lust, die beim Einblick in eine private Welt entfacht, die Befriedigung der Skopophilie dar und löst somit das Verweilen – sprich den Voyeurismus – aus (Vgl. Mulvey 1994, 52f.). Der Kinofilm bedient sich hierfür nicht nur der Dunkelheit, welche das für den Voyeurismus notwendige Gefühl von Distanziertheit begünstigt, sondern nutzt auch technische Voraussetzungen, wie die Unterdrückung des Blickes der Kamera sowie unterschiedliche Erzählstrategien, die dem Zuschauer eine unerreichbare Welt präsentieren. Bei *Newtopia* wird der Blick der Kamera nicht unterdrückt. Wie bereits beschrieben, dient der dokumentarische Stil innerhalb des Formats Reality TV dazu, auf die Realitätsnähe zu verweisen. Nach Angaben von *Sat.1* soll die Show *Newtopia* allerdings nicht nur die Realität nachahmen, sondern diese ausschließlich verfolgen und abbilden. Somit würde es sich bei *Newtopia* um sogenanntes followed Reality TV handeln, oder in CALVERTS Worten, „moments of real life captured by camera" (Calvert 2000, 4). Der Sender schreibt über die Show das Folgende: „NEWTOPIA IST EIN GROSSES ABENTEUER mit echten Menschen, mit echten Gefühlen und mit echten Träumen [Hervorhebung im Original]."[29] Inszenierungsstrategien, die dem Zuschauer das

---

[27] Es werden Informationen zum Alter, Beruf und zu grundlegenden Lebenseinstellungen eines jeden Kandidaten genannt. Vgl. Sat.1. *Newtopia. Folge 1 Staffel 1. Das Abenteuer beginnt!* Endemol. 23. Februar 2015. http://www.sat1.de/tv/newtopia/videos/11-das-abenteuer-beginnt-ganze-folge (Zugriff am 15. November 2015).TC: 00:00 - 05:20.
[28] Die Website des Senders Sat.1 beschreibt das Konzept wie folgt: „Eine Gruppe von 15 sehr verschiedenen Menschen, alle mit unterschiedlichen Vorstellungen von der idealen Gesellschaft, lässt ihr jetziges Leben hinter sich. Ein Jahr lang bauen diese Pioniere eine völlig neue Existenz auf, eine neue Gemeinschaft, an einem Ort, wo es noch keine Regeln, keine Gesetze und keine Machtverhältnisse gibt ... und sie beginnen mit fast nichts! Alles, was sie haben, ist eine leere Scheune auf einem unkultivierten Stück Land, einen bescheidenen Viehbestand, nur Anschlüsse für Wasser und Strom, ein Telefon und etwas Startgeld, um die ersten Monate überleben zu können.". Vgl. „Newtopia. Infos zur Sendung." *Sat.1.* 2015. http://www.sat1.de/tv/newtopia/infos-zur-sendung (Zugriff am 15. November 2015).
[29] Vgl. „Newtopia. Infos zur Sendung." *Sat.1.* 2015. http://www.sat1.de/tv/newtopia/infos-zur-sendung (Zugriff am 15. November 2015).

Gefühl geben, Einblicke in private Welten zu erhalten um dadurch die Schaulust hervorzulocken, scheinen also nicht notwendig zu sein.

Der Inhalt der zweiten Folge lässt darauf schließen, dass der Zuschauer hinter den Mauern von *Newtopia* insgesamt wenig über die privaten Welten der Pioniere erfahren wird, denn eben diese Welten lassen die Kandidaten hinter sich, um in *Newtopia* komplett "neu zu starten". Nur durch die Erzählungen der Pioniere über ihr Leben außerhalb der Show erhält der Zuschauer die Möglichkeit, sich deren Leben zu rekonstruieren, wodurch von vornherein eine erschwerte Identifizierungsmöglichkeit mit den Kandidaten zu herrschen scheint. Das Leben in *Newtopia* ist auch für die Kandidaten ein fremdes und ihr Verhalten erscheint unnatürlich, da an die fremden Gegebenheiten angepasst. Zwar fällt auf, dass die Pioniere den Blick der Kameras, welche sie ständig verfolgen, ignorieren, dennoch agieren sie nicht so, als würden sie nicht gesehen werden. So geht in der zweiten Folge einer der Pioniere beispielsweise in Badehose in die Wanne.[30] Außerdem bauen sich die Pioniere einen Sichtschutz, um auf Toilette gehen zu können.[31] All dies sind Verhaltensweisen, die zum Schutz der Intimsphäre dienen und im Fernsehen durchaus angebracht sind, allerdings wird dem Zuschauer hierdurch gleichzeitig vor Augen geführt, dass die Kandidaten wissen, dass sie beobachtet werden. Der Film geht hiermit anders um. Wie METZ beschreibt, verhalten sich die Schauspieler im Film so, als ob sie von ihrem Voyeur nichts wüssten. Szenen, die darauf hindeuten würden, dass die Schauspieler ihre Intimsphäre vor den Zuschauern schützen wollen, werden weitestgehend ausgelassen oder mit Hilfe des Kaders nicht vollständig enthüllt. Der Film spielt mit der Zurückhaltung, anstatt diese zu präsentieren. Die physische Distanz, als grundlegende Voraussetzung für das voyeuristische Schauen ist bei *Newtopia* zwar gegeben, denn wie dies auch im Kino der Fall ist, hält sich der Zuschauer nicht in unmittelbarer Nähe des Geschehens auf, sondern nimmt dieses vermittelt war. Dadurch, dass das Verhalten der Pioniere eher dem des Performers im Theaters gleicht (nach METZ eine Art des Voyeurismus, die auf ‚aktiver Komplizenschaft' in beide Richtungen zu beruhen scheint (Vgl. Metz 2000, 75)) setzt *Newtopia* die „*nicht autorisierte* Skopophilie der Urszene [Anm.: Hervorhebung im Original]" (Metz 2000, 60) nicht in der Weise fort, wie dies beispielsweise der Film mit narrativem Handlungsstrang macht. *Newtopia* gehört nach der Einteilung von KLAUS und LÜCKE zur Kategorie des performativen Realitätsfernsehens. Die Pioniere sind – als Darsteller in einer performativen Show – ‚Akteure ihres eigenen Lebens' (Vgl. Klaus und Lücke 2003, 198) und hinter den Mauern

---

[30] Vgl. Sat.1. *Newtopia. Folge 2 Staffel 1. Das große Anpacken*. Endemol. 24. Februar 2015.
http://www.sat1.de/tv/newtopia/videos/12-das-grosse-anpacken-ganze-folge2 (Zugriff am 15. November 2015). TC: 21:00.
[31] Vgl. ebd. TC: 10:45.

von *Newtopia* Situationen und Begebenheiten ausgesetzt, die als solche bereits ihr alltägliches Leben verändern und nicht das gewohnte repräsentieren oder dokumentieren. In den ersten zwei Folgen der Show machen sich die Pioniere vorerst mit den Gegebenheiten und miteinander selbst vertraut. Sie beginnen erste Bauarbeiten, um sich vorerst das Nötigste zu erschaffen: Unter anderem Schlafplätze, eine Feuerstelle, Sitzgelegenheiten und eine Toilette. Es wird kein Handlungsstrang ersichtlich, die jeweiligen Handlungen ergeben sich spontan.

Nach MULVEY resultiere das voyeuristische Schauen aus zwei unterschiedlichen Komponenten: den Sexualtrieben, die dafür verantwortlich seien, dass der Zuschauer die Kandidaten der Show als (Lust-)Objekte wahrnimmt, und der Identifikation mit den Akteuren (Vgl. Mulvey 1994, 53). Zwar bewohnen unterschiedlichste Charaktere *Newtopia*, sodass die Wahrscheinlichkeit des Wiedererkennens der eigenen Persönlichkeit zwischen Zuschauer und Pionieren recht hoch ist, doch werden die einzelnen Kandidaten aufgrund häufiger Montagen mit gleichzeitig stattfindenden Situationen und Gesprächen nie lange gezeigt.[32] Bei der täglichen Zusammenfassung, welche bis zur Einstellung der Show montags bis freitags um 19.00 Uhr ausgestrahlt worden ist, kann eine Identifizierung mit den Kandidaten und ihrer Charaktereigenschaften somit nach eigener Beobachtung nicht stattfinden.

Die Anwendung von Strategien des Affektfernsehens wie beispielsweise der Einsatz von Musik, Montagetechniken und einer kommentierenden Erzählerstimme tragen zwar dazu bei, dass der Inhalt der Sendung sowohl dramatisiert und emotionalisiert als auch personalisiert und intimisiert wird, auf Grund eines fehlenden narrativen Erzählstranges scheinen diese Inszenierungsstrategien allerdings nicht ausreichend vorangetrieben werden zu können. In den betrachteten Folgen wird deutlich, dass die Pioniere einem Streit offenbar eher aus dem Weg gehen und die Versöhnung anstatt die Konfrontation suchen. In der ersten Folge beispielsweise verhält sich ein Pionier den anderen Kandidaten gegenüber eigennützig, woraufhin ein anderer Pionier diesen in einem scharfen Ton darauf hinweist. In einer inszenierten Show würde auf so eine Situation gewohnheitsgemäß ein Streit folgen. Bei *Newtopia* wird allerdings nicht einmal mehr darüber gesprochen. Der Pionier, welcher sich kritisch geäußert hat, entschuldigt sich in der nächsten Folge sogar bei seinem Mitbewohner.[33] Ein anderes Beispiel ist der Heiratsantrag, den der Freund einer Pionierin dieser am vorletzten Ausstrahlungstag der Show macht. Der Freund der Kandidatin wird in einem Paket nach *Newtopia* transportiert, das an die Kandidatin adressiert ist. Sie öffnet

---

[32] Beobachtet anhand unterschiedlicher Folgen (*Newtopia* (Endemol)): Folge 1, 2, 104, 105, 106) der Show.
[33] Vgl. Sat.1. *Newtopia. Folge 1 Staffel 1. Das Abenteuer beginnt!* Endemol. 23. Februar 2015. http://www.sat1.de/tv/newtopia/videos/11-das-abenteuer-beginnt-ganze-folge (Zugriff am 15. November 2015). TC: 12:12 – 12: 42.

das Paket, er kniet vor ihr nieder und hält um ihre Hand an. Die ganze Situation läuft insgesamt relativ emotionslos ab: Keine Tränen, kaum merkliche Freude – keine visuelle oder inhaltliche Inszenierung.[34] Selbst nachdem der frisch Verlobte erfährt, dass seine zukünftige Braut eine Nacht zuvor einen anderen Pionier geküsst hat, reagiert dieser gelassen.[35] Insgesamt wird innerhalb der betrachteten Folgen selten, oder wenn nur kurz, über Intimes und Privates geredet. In der zweiten Folge der Show spricht ein Pionier eine Pionierin in Bezug auf deren Modelkarriere auf ihre Brüste an und betitelt sie außerdem als weniger hübsch als eine andere Bewohnerin von *Newtopia*. Auch hier entsteht keine Diskussion. Das Model scheint sich auch nicht angegriffen zu fühlen. Sie lässt sich jedenfalls nichts anmerken und das Gesprächsthema wird einfach gewechselt.[36] In Folge 105 erwähnt eine Kandidatin, dass sie früher einmal als Prostituierte gearbeitet habe. Auch dieses eigentlich private Geständnis wird nicht weiter hinterfragt. Es folgt ein neuer Diskussionsgegenstand, dann ein Schnitt zu einem anderen Gespräch. Es scheint, als würden wirklich private Gespräche oder intime Situationen deshalb selten oder nur kurzweilig zu Stande kommen, weil die Kandidaten genau wissen, dass sie beobachtet und von den Zuschauern beurteilt werden. Es fällt auf, dass in den letzten Folgen der Show die Hemmschwellen sinken, was zum einen daran liegen könnte, dass sich die Pioniere zu diesem Zeitpunkt bereits besser kennen als am Anfang, zum anderen könnte es auf dem Wissen beruhen, dass sie aufgrund der Einstellung der Show hinsichtlich ihrer Wiederwahl fortan kein positives Bild mehr aufrechterhalten müssen. Während der Zuschauer beispielsweise in der vorletzten Folge den Pionieren beim ausgelassenen Alkoholkonsum und Feiern zuschauen kann, was zu körperlichen Annäherungen unter den Kandidaten führt, gibt es allerdings weder ausartende Szenen zu sehen, da aufgrund des Jugendschutzes nicht alles gezeigt werden darf, noch wird – beispielsweise durch Strategien der Zurückhaltung – gezielt mit dem Trieb gespielt. Durch derartige Inszenierungsstrategien würde der Trieb laut Metz zwar unbefriedigt bleiben, könnte allerdings aufrecht gehalten oder – in den Worten von Metz – ,begünstigt' werden (Vgl. Metz 2000, 70). Aufgrund der Tatsache, dass *Newtopia* eine followed Show ist und viele der Aufnahmen durch befestigte Kameras entstehen, lassen sich diese vielmals nur nachträglich durch die Montage und nicht im Moment des Geschehens in Szene setzen.

---

[34] Vgl. Sat.1. *Newtopia. Folge 105 Staffel 1. Willst du...?* Endemol. 23. Juli 2015. http://www.sat1.de/tv/newtopia/videos/1105-willst-du-ganze-folge (Zugriff am 15. November 2015).TC: 19:47 – 22:10.
[35] Vgl. ebd. TC: 25:10 – 26:20.
[36] Vgl. Sat.1. *Newtopia. Folge 2 Staffel 1. Das große Anpacken.* Endemol. 24. Februar 2015. http://www.sat1.de/tv/newtopia/videos/12-das-grosse-anpacken-ganze-folge2 (Zugriff 15. November 2015). TC: 30:10 – 31:00.

Die Kameras, die das Gelände rund um die Uhr überwachen und jeden Schritt der Pioniere erfassen, sind teilweise fest installiert. Insgesamt 105 Kameras befinden sich laut Angaben der Presse auf dem Gelände.[37] Hierdurch scheint verhindert werden zu wollen, dass das Kamerateam wichtige Situation zu spät oder gar nicht einfängt. Einige der fest installierten Kameras sind weiter entfernt befestigt und wirken so, als wären sie von den Kandidaten nicht sichtbar. So ragen beispielsweise Äste ins Bild und beschränken die Sicht (Vgl. Anhang: Abb. 8). Der Fernsehzuschauer bekommt den Eindruck, als würden die Pioniere in dem Moment der Aufnahme nicht wissen, dass sie beobachtet werden und der Zuschauer schlüpft durch die Identifikation mit dem Auge der Kamera in die Rolle des heimlichen Beobachters. Die Macher von *Newtopia* scheinen also durchaus darauf aus zu sein, innerhalb der Show voyeuristische Sehsituationen zu schaffen. Allerdings erschwert der dokumentarische Stil, der darauf abzielt, möglichst viel einzufangen und somit zwischen den Bildern von fest installierten Kameras sowie denen von Handkameras hin und her springt, insgesamt die Identifikation mit der Kamera als einfangende und vermittelnde Komponente. Das Auge der Kamera offenbart sich als allgegenwärtig und allwissend und wirkt eben dadurch wie das Auge eines objektiven Beobachters, mit welchem sich der Zuschauer als Subjekt schwerlich identifizieren kann. Allerdings nimmt der Zuschauer durch die Vogelperspektive, welche die Bewohner von *Newtopia* innerhalb ihrer Mauern teilweise wie Zootiere wirken lässt, eine Machtposition ein und erscheint somit – wie der Voyeur seinem Opfer – den Kandidaten überlegen. Trotz der eingeschränkten Möglichkeit zum Schaffen voyeuristischer Sehsituationen offenbaren sich somit doch einige wenige Inszenierungsstrategien, die – offenbar von den Produzenten gelenkt – die voyeuristische Schaulust hervorlocken sollen. Vor jeder Zusammenfassung wird eine kurze Vorschau des Inhalts der folgenden Sendung gezeigt. Der Sprecher kündigt die Highlights der Zusammenfassung an und lässt Fragen hierzu offen, wie etwa in der Folge, in der die Beendigung der Show bekanntgegeben wird: „Alles aus. Brechen jetzt auch alle Dämme?". Dabei werden Szenen der Wut und der Trauer mit solchen der nächtlichen Annäherungen zwischen den Pionieren in Montage gesetzt [38]. Eine solche Vorschau, zusammen mit der Betitelung der einzelnen Folgen[39] kann die Schaulust der Zuschauer vorantreiben, da diese

---

[37] Vgl. Focus(dpa). „Sat.1-Projekt „Newtopia": 15 Leute, 105 Kameras." *Focus Online*. 14. Januar 2015. http://www.focus.de/kultur/kino_tv/medien-sat-1-projekt-newtopia-15-leute-105-kameras_id_4404719.html (Zugriff am 15. November 2015).
[38] Vgl. *Newtopia. Folge 104 Staffel 1. Aus und Vorbei*. Endemol. 22. Juli 2015. http://www.sat1.de/tv/newtopia/videos/1104-aus-und-vorbei-ganze-folge (Zugriff am 15. November 2015). TC: 00:15 - 00:22.
[39] Jede Folge hat einen anderen Titel, welcher in der Programmvorschau zu sehen ist. Folge 104 trägt beispielsweise den Titel „Aus und vorbei! Es ist soweit, die Pioniere werden aufgeklärt.", Vgl. *Newtopia. Folge 104 Staffel 1. Aus und Vorbei*. Endemol. 22. Juli 2015. http://www.sat1.de/tv/newtopia/videos/1104-aus-und-vorbei-ganze-folge (Zugriff am 15. November 2015).

sich beispielsweise mit folgender Frage konfrontiert sehen: Lassen die Pioniere nun, da die Show sowieso beendet wird, alle Hemmungen fallen? Außerdem wird viel stimmungsgebende Musik benutzt, die ein gezeigtes Gefühl unterstützt und die Situation somit dramatisiert und emotionalisiert. Auch die Auswahl der Kandidaten offenbart sich als strategisch. Zu Beginn der ersten Folge werden die unterschiedlichen Pioniere vorgestellt und der Zuschauer erfährt, dass diese nicht nur aus unterschiedlichen Regionen stammen, sondern sich auch hinsichtlich ihrer sozialen Hintergründe, ihrer Lebenseinstellungen, ihres Alters sowie ihres Bildungsstandes unterscheiden. Was passiert, wenn unter anderem ein Arbeitsloser, ein Model, ein Student, ein Bauer sowie ein Akademiker gemeinsam eine neue Gesellschaft aufbauen sollen? Mit solchen Fragen wird dem Zuschauer die Reality Show *Newtopia* eröffnet. Außerdem liegt es nahe, dass die täglichen Zusammenfassungen das Geschehen in *Newtopia* nicht objektiv darstellen, sondern nur das von den Machern für wichtig Empfundene zeigen. Hierdurch werden bestimmten Kandidaten gezielt stereotype Rollen auferlegt, um die Erwartungen an die zu Beginn vorgestellten Charaktere aufrecht zu erhalten und die Schaulust zu stimulieren. So wird beispielsweise der arbeitslose Candy innerhalb der von mir betrachteten Folgen stets beim Entspannen und Ausruhen gezeigt, sodass der Eindruck entsteht, er würde den ganzen Tag nichts anderes machen. Durch einen Sprecher, der das "Faulenzen" auch noch kommentiert und durch unbeschwerte Musik wird der Pionier stereotypisiert.[40] Auch dem Fitnesscoach Hans wird durch die Zusammenschnitte des Senders ein bestimmter Stereotyp auferlegt, denn diese lassen ihn, passend zum Klischee des Sportlers, leicht dümmlich erscheinen.[41]

Die Höhepunkte von *Newtopia* bilden drei Skandale, die vielmals in der Presse diskutiert und beleuchtet, in der täglichen Fernsehausstrahlung allerdings nicht annähernd so ausgiebig aufgegriffen worden sind. Zum einen organisieren die Pioniere ein Shooting, bei dem viel nackte Haut gezeigt wird.[42] Zum anderen werden plötzlich Aufnahmen veröffentlicht, die darauf

---

[40] Vgl. Sat.1. *Newtopia. Folge 1 Staffel 1. Das Abenteuer beginnt!* Endemol. 23. Februar 2015. http://www.sat1.de/tv/newtopia/videos/11-das-abenteuer-beginnt-ganze-folge (Zugriff am 15. November 2015) TC: 20:45 – 21:50:50/ 22:30 – 23:40 / 30:40 – 31.:30 / 36:00 – 36:05/ 51:00 – 51:05. + Sat.1. *Newtopia. Folge 2 Staffel 1. Das große Anpacken.* Endemol. 24. Februar 2015. http://www.sat1.de/tv/newtopia/videos/12-das-grosse-anpacken-ganze-folge2 (Zugriff am 15. November 2015). TC: 10:50 – 12:00 / 17:25 – 17:40 / 25: 56 – 26:10.
[41] Vgl. Sat.1. *Newtopia. Folge 1 Staffel 1. Das Abenteuer beginnt!* Endemol. 23. Februar 2015. http://www.sat1.de/tv/newtopia/videos/11-das-abenteuer-beginnt-ganze-folge (Zugriff am 15. November 2015). TC: 38:05 – 38:20. + Sat.1. *Newtopia. Folge 2 Staffel 1. Das große Anpacken.* Endemol. 24. Februar 2015. http://www.sat1.de/tv/newtopia/videos/12-das-grosse-anpacken-ganze-folge2 (Zugriff am 15. November 2015). TC: 18:40 – 18:50.
[42] Vgl. Sat.1. *Newtopia. Folge 30 Staffel 1. Wenig Kleidung, hohe Kunst.* Endemol. 3. April 2015. http://www.sat1.de/tv/newtopia/videos/130-newtopia-wenig-kleidung-hohe-kunst-ganze-folge (Zugriff am 15. November 2015).

schließen lassen, dass die Show doch plant und nicht nur verfolgt.[43] Außerdem kommt es in der Nacht vom 26.04. auf den 27.04.2015 – wie schon viele Jahre zuvor bei *Big Brother* – zum ersten Sexualakt zwischen Kandidaten vor laufender Kamera. Der Skandal: Das Techtelmechtel findet zwischen dem 44 jährigen ,Ekel-Candy' und einer 27 jährigen Kandidatin statt.[44] Die BILD schreibt: „Auch wenn im Live-Stream [...] nicht alles zu sehen war, war VIEL zu hören! [Anm.: Hervorhebung im Original]"[45] Bereits einen Monat später finden erneut Pioniere körperlich zueinander[46] und aufgrund der Nachtkameras im Hauptgebäude des Geländes können die Online-Zuschauer den unter der Decke stattfindenden Akt sogar live mit verfolgen (Vgl. Anhang: Abb. 9). Diese Skandale können die Quoten allerdings auch nicht mehr steigern (Vgl. Anhang: Abb. 10). Kurz nach dem Fotoshooting, welches zeitlich vor dem "Sex-Skandal" stattfindet, lässt sich zwar ein Anstieg der Einschaltquoten beobachten, diese nehmen allerdings nach einigen Tagen wieder ab, was mit der Rückkehr zum gewohnten Alltag in *Newtopia* zusammenzuhängen scheint (Vgl. Anhang: Abb. 10). Da Gespräche über erotische Themen innerhalb der täglichen Zusammenfassung kaum ausgestrahlt werden, sondern nur über den Live-Stream in die Berichterstattungen einfließen, können jene die voyeuristische Schaulust der Fernsehzuschauer nicht begünstigen. So offenbart beispielsweise einer der Pioniere seine sexuellen Vorlieben.[47] Ein anderer berichtet, dass er seine Genitalien ,schön' findet und daher auf der Toilette einer Pionierin gezeigt hat.[48] Beides wird in der täglichen Zusammenfassung nicht thematisiert. Insgesamt gleicht die Show eher dem Talkshow-Format, bei welchem viel geredet, aber nicht viel gezeigt wird. Das genannte Fotoshooting stellt innerhalb der Reality Show *Newtopia* eine Ausnahme dar. Allerdings erscheint auch hierbei die Frau nicht als Lustobjekt, auch wenn zwei der weiblichen Kandidatinnen viel nackte Haut zeigen. Sowohl die dokumentarische Kameraführung, als auch die Anwesenheit der

---

[43] Vgl. Spiegel Online (hpi, dpa). „Sat.1-Sendung "Newtopia": Unter Fake-Verdacht." *Spiegel Online. Kultur.* 14. April 2015. http://www.spiegel.de/kultur/tv/newtopia-sat-1-sendung-unter-fake-verdacht-a-1028368.html (Zugriff am 15. November 2015).

[44] Vgl. Focus(kiru). „TV-Show auf Quotenfang? Erster Sex bei „Newtopia": Ekel-Candy schleppt Kandidatin ab." *Focus Online. Kultur.* 27. April 2015. http://www.focus.de/kultur/kino_tv/tv-show-auf-quotenfang-erster-sex-bei-newtopia-ekel-candy-schleppt-kandidatin-ab_id_4642413.html (Zugriff am 15. November 2015).

[45] BILD. „Candy und Victoria schmatzen sich in Ekstase | Erster Sex in „Newtopia"!" *BILD.* 27. April 2015. http://www.bild.de/unterhaltung/tv/newtopia/candy-und-victoria-haben-sex-40714202.bild.html (Zugriff am 15. November 2015).

[46] Vgl. BILD. „Candy und Victoria schmatzen sich in Ekstase | Erster Sex in „Newtopia"!" *BILD.* 27. April 2015. http://www.bild.de/unterhaltung/tv/newtopia/candy-und-victoria-haben-sex-40714202.bild.html (Zugriff am 15. November 2015).

[47] Vgl. BBfun. „Newtopia Pionier Kalle und der Sex, nun wird Tacheles geredet." *BBfun.* 19. März 2015. http://bbfun.de/news/newtopia-2015/newtopia-sex-kalle-spricht-1292892844.html (Zugriff am 15. November 2015).

[48] Vgl. Sat.1. *Newtopia. Video: Kate spannert in der Dusche.* Endemol. 22. April 2015. http://www.sat1.de/tv/newtopia/videos/142-kate-spannert-in-der-dusche-clip (Zugriff am 15. November 2015).

anderen Pioniere und die heitere Musikuntermalung verhindern eine erotisch aufgeladene Stimmung.[49] Fetischisierung oder sadistischer Voyeurismus als Strategie, um die Darstellung der Frau als Lustobjekt zu ermöglichen, sind nicht zu vernehmen und scheinen aufgrund des fehlenden narrativen Strangs und des dokumentarischen Stils auch kaum umsetzbar zu sein.

Inwiefern ein Format, das eine Welt zeigt, die sich als alles andere als privat und intim offenbart, als Voyeurismus-Fernsehen betitelt werden kann, ist fraglich. Insgesamt 15 Pioniere teilen sich sowohl Lebens-, Schlaf- und Arbeitsräume, im ständigen Wissen, dass sie bei allem, was sie tun, beobachtet werden. Dies offenbart auch das Verhalten der Kandidaten: Anders als im planned Reality TV, bei dem die Akteure zwar oftmals auch Privatpersonen, aber dennoch innerhalb des Formats Darsteller sind, spiegelt die Selbstdarstellung der Pioniere ihr Wissen des Beobachtetwerdens wieder. Hinzu kommt, dass der Zuschauer, um sich mit den Kandidaten identifizieren zu können, die Show täglich verfolgen müsste, da die einzelnen Pioniere nicht in jeder Zusammenfassung in gleichem Ausmaß in Erscheinung treten. Außerdem findet innerhalb der 106 Folgen ein ständiger Wechsel der Kandidaten statt, sodass sich in der letzten Show nur noch zwei der anfänglichen fünfzehn Pioniere in *Newtopia* befinden. Die Identifizierung mit den Kandidaten sieht MULVEY allerdings als eine für die Lust am Schauen nötige Komponente. Die Verneinung des Subjekts, welche METZ als Voraussetzung für das voyeuristische Schauen betrachtet, kann insofern bestätigt werden, dass die Bewohner von Newtopia im Moment der Betrachtung nicht nach ihrer Zustimmung gefragt werden können und somit nicht wissen, wer genau ihnen zusieht. Dennoch wissen sie, wann ihnen zugesehen wird. Es ist wahrnehmbar, und dies scheint signifikant zu sein, dass die Pioniere ganz genau wissen, dass ihnen im Moment ihrer Handlungen, oder spätestens bei der täglichen Zusammenfassung, zugesehen wird.

Zusammenfassend ist festzuhalten, dass die performative und angeblich followed Reality Show, die bereits vor ihrer Ausstrahlung als voyeuristisch betitelt wird, gerade aufgrund des Konzepts der Show ein Verweilen bei den intermediären Relationen erschwert. Vor allem die Thematik des Erschaffens einer neuen Welt, fernab von jeglicher Realität, in welcher sich der Fernsehzuschauer befindet, offenbart sich als problematisch, denn nach MULVEY sehne sich der Zuschauer danach, eine Welt zu betrachten, in die er eintauchen kann und in der stellvertretend für ihn gehandelt wird, ohne dass er Zutritt habe.

---

[49] Vgl. Sat.1. *Newtopia. Folge 30 Staffel 1. Wenig Kleidung, hohe Kunst.* Endemol. 3. April 2015. http://www.sat1.de/tv/newtopia/videos/130-newtopia-wenig-kleidung-hohe-kunst-ganze-folge (Zugriff am 15. November 2015). TC: 12:28 – 16:30.

Planned Reality: *Köln 50667*

Die gescriptete Reality Soap *Köln 50667* ist ein sogenanntes Spin-Off der Reality Soap *Berlin Tag und Nacht*, welche ebenfalls auf *RTL2* ausgestrahlt wird.[50] Seit 2013 ist sie, wie ihr Vorläufer, fester Programmbestandteil des Senders und wird täglich um 18.00 Uhr im Free-TV gesendet. Auf der Website des Senders wird der Inhalt der Soap wie folgt beschrieben:

> Hauptlocation bei „Köln 50667" ist die „Kunstbar". Die Crew der Bar ist – so unterschiedlich ihre Mitglieder auch sind – zu einer Familie zusammengewachsen. Alle Figuren sind eng mit Köln verbunden und lieben das Leben in der Domstadt. Da gibt es die attraktive Joleen, die das Leben in vollen Zügen genießt und den Männern den Kopf verdreht oder die extrovertierte Chantal, die ihren Platz im Leben sucht oder den vermeintlich harten Biker Alex mit dem weichen Kern, der als alleinerziehender Vater viele Hürden meistern muss.[51]

Bei *Köln 50667* handelt es sich um ein Genre des Reality TV Formats, das zur Kategorie des narrativen Realitätsfernsehens gezählt wird, da es seine Zuschauer „mit der authentischen oder nachgestellten Wiedergabe realer oder realitätsnaher außergewöhnlicher Ereignisse nicht-prominenter Darsteller [unterhält]" (Klaus und Lücke 2003, 199). Diese, von KLAUS und LÜCKE aufgestellte Definition narrativer Genres, in Verbindung mit der Beschreibung des Inhalts der Soap, deutet darauf hin, dass die Unterhaltung durch Narration erfolgt und nicht etwa ein bestimmtes Spiel oder Ziel im Vordergrund steht. Die Soap scheint weniger durch ein innovatives Konzept, sondern vielmehr durch das Aussehen der Darsteller und durch deren individuelle Lebensstile zu versuchen, die Schaulust des Betrachters aufrechtzuerhalten. So wird bereits in der ersten Folge eine Fülle an Szenen gezeigt, die den Körper betonen und sowohl thematisch als auch visuell sexuell aufgeladen sind. Dass ein Verweilen des Auges beim Signifikanten Reality TV nicht allein durch körperbetonende Bilder verursacht werden kann, ist bereits im Rahmen der Analyse von *Newtopia* deutlich geworden. Um beantworten zu können, inwiefern die Soap *Köln 50667* voyeuristische Sehsituationen schafft, werde ich die ersten zwei Folgen der zuerst produzierten Staffel sowie zwei aktuelle Folge aus dem Jahr 2015 betrachten und innerhalb der Analyse auf deren audiovisuelle Merkmale sowie deren Inhalte Bezug nehmen.

Die erste Folge der Soap führt die unterschiedlichen Charaktere ein. So werden beispielsweise durch extradiegetische Stimmen die Gedanken der jeweiligen Protagonisten wiedergegeben, wodurch Hintergrundinformationen bereitgestellt werden, die intradiegetisch nicht präsentiert

---

[50] Vgl. fernsehserien.de. „Köln 50667." *fernsehserien.* http://www.fernsehserien.de/koeln-50667 (Zugriff am 15. November 2015).
[51] Vgl. RTL2. Köln 50667. http://www.rtl2.de/sendung/koeln-50667/inhalt (Zugriff am 15. November 2015).

werden können, da sie nicht in den narrativen Handlungsverlauf passen. Der Zuschauer erhält hierdurch die Möglichkeit, sich die Charaktere und Lebensumstände der Protagonisten besser vorstellen zu können. Eine Identifikation, die nach MULVEY die narzisstische Lust hervorrufe, wird also erleichtert. Hierzu trägt zusätzlich die überschaubare Anzahl sowie das konstante Auftreten der Protagonisten bei, denn anders als bei *Newtopia* werden nur wenige Darsteller zu den Hauptcharakteren gezählt, sodass diesen bereits nach der ersten Folge bestimmte Verhaltensmuster zugeordnet werden können. Auch die Identifikation mit den technischen Voraussetzungen offenbart sich als möglich. Da die Akteure den Blick der Kamera ignorieren und somit das Schamempfinden des Zuschauers verhindern, kann dieser in der Position des heimlichen Beobachters verharren. Das Auge der Kamera ist ständiger Begleiter der Akteure. Es gibt allerdings keinen großen Überblick über das Geschehen, so wie dies vielmals bei *Newtopia* durch Weitwinkelaufnahmen der Fall ist. Das Auge der Kamera folgt den Darstellern wie eine Art Schatten, der zwar bei allem "hautnah" dabei ist, aber dennoch keine Beachtung erfährt. Ein gutes Beispiel hierfür offenbart sich in der zweiten Folge: Die Akteure sind auf einer Party in einer Bar. Die Kamera folgt ihnen unerlässlich; ob auf die Toilette oder durch die Bar hindurch nach draußen. Sie, die Kamera, "sitzt" ihnen regelrecht im Nacken (Vgl. Anhang: Abb. 11). Die Blickrichtung der Kamera, vielmals in Augenhöhe mit den Akteuren, erscheint menschlich und erweist sich daher dienlich für die Identifikation. Außerdem werden viele Nahaufnahmen verwendet. In Verbindung mit stimmungsgeladener Musik und dem Einblenden der Gedanken der Protagonisten in Form einer Off-Stimme, dienen diese der Emotionalisierung und der Dramatisierung. In der ersten Folge wird beispielsweise eine Darstellerin beim "heimlichen" Weinen gezeigt. Die Situation erscheint insofer heimlich, da niemand sonst im Bild zu sehen ist. Außerdem wird das beobachtende Auge der Kamera von der Darstellerin trotz extremer Nähe vollkommen ignoriert (Vgl. Anhang: Abb. 12). Der Zuschauer wird mithin in die Rolle des heimlichen Beobachters versetzt, da die Protagonistin, in METZ Worten, so agiert, als ob sie nicht gesehen werden würde und zugleich als ob sie ihren Voyeur nicht sähe (Vgl. Metz 2000, 76). Ein anderes Beispiel zeigt sich ebenfalls in der ersten Folge bei einer Autofahrt: Indem sich der Zuschauer mit dem Auge der Kamera identifiziert, beobachtet er von der Rückbank aus den Protagonisten am Steuer und dessen Freundin neben ihm (Vgl. Anhang: Abb. 13). Obwohl der Zuschauer als Subjekt dem Objekt – das innerhalb eines anderen Regimes wiederum auch ein Subjekt ist – visuell sehr nah ist, bleibt dieses als Bestandteil des imaginären Signifikaten Reality TV doch ein Objekt, denn als Komponente des Formats ist es nicht fähig, die Betrachtung – im Moment der Betrachtung – zu bejahen und somit zu erlauben.

Im Gegensatz zum followed Reality TV *Newtopia* spielt die planned Reality Soap *Köln 50667* auch mit der Begrenzung durch den Kader. So kann die visuelle Lust des Zuschauers stimuliert werden und gleichzeitig wird Distanz geschaffen, welche in Anlehnung an die freudsche Theorie Voraussetzung zur Aufrechterhaltung der Lust am Schauen ist. So lässt sich innerhalb der betrachteten Folgen beobachten, dass immer dann, wenn die Soap direkt erotische Themen, wie beispielsweise die körperliche Annäherung zweier Darsteller, präsentiert, durch die unvollständige Enthüllung die visuelle Lust stimuliert, da nicht befriedigt wird. In der ersten Folge zieht die ‚attraktive' Joleen ihr Oberteil aus und beginnt vor einem männlichen Darsteller aufreizend zu tanzen. Dann küsst sie ihn und legt sich zu ihm auf ein Sofa. Die beiden befinden sich in der Wohnung des männlichen Protagonisten. Nachdem sich Joleen zu ihm gelegt hat, schwenkt die Kamera nach unten zu den Beinen der beiden, die bereits eng umschlungen sind (Vgl. Anhang: Abb. 14). Es folgt ein Schnitt zu einer anderen Situation, die sich offenbar währenddessen zwischen den anderen Protagonisten der Soap abspielt. Durch die beschriebene Zurückhaltung bei der Darstellung der erotischen Annäherung wird dem Zuschauer suggeriert, dass ihn das Gezeigte nichts angeht, da es privat und intim ist. Genau dies kreiert allerdings das Gefühl, Einblicke in eine private Welt zu erlangen. Die Hoffnung, noch mehr von dieser Welt sehen zu können, scheint das Verweilen bei den intermediären Relationen zu begünstigen. Die Schauplätze der Soap fördern dieses Gefühl zusätzlich, denn die unterschiedlichen Szenen spielen fast immer in den privaten Wohnungen der Akteure.

Die zweite Folge zeigt den Morgen nach der erwähnten Party in der ersten Folge. Hier wird die Strategie der Soap, den Inhalt möglichst real erscheinen zu lassen, sehr deutlich. Ähnlich wie *Newtopia* arbeitet auch *Köln 50667* mit dem "Tag-Nacht-Prinzip". Der Zuschauer begleitet die Darsteller hierbei in einem Zeitraffer von morgens bis abends durch ihren Alltag. Die zweite Folge beginnt wie folgt: Die Protagonisten werden in ihren privaten Wohnungen kurz nach dem Aufstehen gezeigt. Die männlichen Darsteller tragen beispielsweise nur Boxershorts, wodurch der Anschein entsteht, sie wären tatsächlich gerade erst aufgestanden und in ihren eigenen vier Wänden scheinbar unbeobachtet von der Öffentlichkeit. Eine weibliche Darstellerin kommt, nur in ein Handtuch gehüllt, aus der Dusche. Sie macht sich in aller Ruhe einen Kaffee, als würde sie nicht gerade von einem Kamerateam belagert werden. Die dokumentarische Kameraführung gaukelt dem Fernsehzuschauer vor, das Gezeigte sei real, doch das ungehemmte Verhalten der Akteure zeigt wiederum auf, dass es dies eben nicht ist. Ebenfalls in der zweiten Folge werden einige der Protagonisten bei ihren täglichen Ritualen wie dem Rasieren oder auch dem Sporttreiben und Baden gezeigt. Sie gehen also, so wie METZ es beim Film mit voyeuristischen

Sehsituationen beobachtet, ihren normalen Tätigkeiten nach und existieren – unbeeindruckt von der Kamera – weiter. Zwar verfolgt der Film diese Strategie weitestgehend ohne dokumentarische Kameraführung, doch genau wie bei *Köln 50667* wird durch das Vortäuschen einer hermetisch abgeschlossenen Welt, dem Zuschauer vorgetäuscht, dass er beim Betrachten Einsicht in eine private Welt erhält. METZ sieht dieses Phänomen allerdings vor allem durch die Dunkelheit im Kinosaal begünstigt, in welchem das Licht der Leinwand wie ein Schlüsselloch erscheint (Vgl. Metz 2000, 60). Auch MULVEY versteht die Dunkelheit als Mittel, „die Illusion voyeuristischer Distanziertheit zu befördern" (Mulvey 1994, 52). Da es keine Eigenheit des Fernsehschauens ist, eben dieses im Dunkeln zu tun, kann beim Reality TV nicht von einer Förderung der Illusion durch Dunkelheit gesprochen werden.

Bei *Köln 50667* wird selten eine große visuelle Distanz zwischen Zuschauer und Dargestelltem geschaffen. Die Kamera ist oftmals so nah am Geschehen positioniert, dass die Blickrichtung entweder wie jene eines Freundes der Protagonisten, oder wie die Blickrichtung der Darsteller selbst erscheint. Der Zuschauer ist somit zugleich heimlicher Beobachter und Teil des Geschehens. Da sein Blick wird nicht erwidert wird, fühlt er sich in seiner voyeuristischen Position nicht ertappt. Außerdem ist er sich der Objekthaftigkeit des Formats Reality TV bewusst. Sein Wissen über die unüberwindbare physische Distanz ermöglicht es ihm überhaupt erst, die Rolle des Voyeurs einzunehmen. Durch subjektive Kameraperspektiven kann der Zuschauer teilweise in unterschiedliche Rollen schlüpfen und sich mit diesen identifizieren (Vgl. Anhang: Abb. 15). Der dokumentarische Stil bewahrt den Schein von Authentizität, während durch filmische Mittel gezielt die Narration vorangetrieben, sowie die Schaulust gefördert wird.

Innerhalb der von mir betrachteten Folgen wird deutlich, dass Nacktheit und körperbetonte Aufnahmen innerhalb der Soap sehr präsent sind. Sowohl die männlichen, als auch die weiblichen Darsteller werden in unterschiedlichen Situationen nur leicht bekleidet dargestellt. Über leicht bekleidete Darsteller als Inszenierungsstrategie spricht die psychoanalytische Filmtheorie nur im Rahmen der Darstellung der Frau als Lustobjekt. Hiermit scheint auch *Köln 50667* vermehrt zu spielen (Vgl. Anhang: Abb. 16). Bei der Reality Soap wird allerdings nicht nur auf die Darstellung der Frau als (Lust-)Objekt, die zur Förderung der Lust am Schauen beitragen soll, gesetzt, sondern auch die Darstellung des Mannes als ein solches Objekt scheint mitunter Kernelement des Konzepts der Soap zu sein. Wie bereits im ersten Teil dieser Arbeit beschrieben, könne nach MULVEY der weibliche Körper allerdings nur dann als Objekt der Lust betrachtet werden, wenn die Kastrationsangst durch die Fetischisierung oder durch den sadistischen Voyeurismus geschmälert würde. Bei genauerer Betrachtung der Inhalte der untersuchten Folgen offenbart sich, dass eben solche Strategien verwendet werden. So wird die ‚attraktive' Joleen beispielsweise stets sehr gut

gelaunt und gut gekleidet präsentiert. Die männlichen Protagonisten der Reality Soap liegen ihr zu

Füßen und sie wird nicht nur vom Zuschauer, sondern auch innerhalb der präsentierten

Gemeinschaft als (Lust-)Objekt angesehen. Durch ihre auffallende Attraktivität und die ihr

zugeschriebenen positiven Charakteristika erfährt sie im Gegensatz zu den anderen weiblichen

Darstellerinnen eine Überbewertung. Ihr gutes Aussehen offenbart sich als eine Art

Aushängeschild der Soap, denn sogar in der Inhaltsverkündung des Senders *RTL II* heißt es: „Da

gibt es die attraktive Joleen, die das Leben in vollen Zügen genießt und den Männern den Kopf

verdreht."[52] Somit zeigt sich, dass die Produzenten die Figur Joleen in einen Fetisch verwandeln.

Die anderen weiblichen Darstellerinnen, vor allem jene, die durch körperbetonte Aufnahmen die

Aufmerksamkeit der Zuschauer auf sich ziehen, somit aber zugleich das ‚sexuelle Anderssein' (Vgl.

Mulvey 1994, 58) der Frau offenbaren, werden weniger unbeschwert dargestellt. Jede ist aus

einem anderen Grund unglücklich und fühlt sich von bestimmten Personen ungerecht

behandelt.[53] Laut MULVEY müsste dies so sein, da die jeweilige Bestrafung der Protagonistinnen als

sadistischer Voyeurismus gegenüber dem Publikum fungiert und somit bewirkt, dass dieser bei

ihrem Betrachten kein Unbehagen empfindet, sondern (Schau-)Lust (Vgl. Mulvey 1994, 58). Es

lässt sich also festhalten, dass der instinktive Trieb Skopophilie in Bezug auf die Darstellung der

Frau als Objekt der Lust sowohl durch die Fetischisierung, als auch durch eine zu vernehmende,

wenn auch schwache Art des sadistischen Voyeurismus begünstigt wird.

Beim Betrachten aktuellerer Folgen[54] wird deutlich, dass zwar neue Charaktere hinzugekommen

sind, die meisten der in Folge 1 dargestellten Protagonisten aber immer noch im Fokus der

Handlung stehen. Ihr Verhalten und Auftreten gleicht dem innerhalb der ersten Folgen; der

Sender scheint also die Strategie der Stereotypisierung zu verfolgen, um die Identifikation zu

vereinfachen sowie die Erwartungen der Zuschauer hinsichtlich des Verhaltens der Protagonisten

zu befriedigen. Auch die Thematik ist immer noch dieselbe: Das Privatleben der Protagonisten,

einschließlich Themen wie Geldsorgen, Herzschmerz und Probleme innerhalb einer Beziehung.

Alles dreht sich noch immer um das Leben der anfänglichen Gruppe von Freunden. Der einzige

---

[52] Vgl. RTL2. *Köln 50667*. http://www.rtl2.de/sendung/koeln-50667/inhalt (Zugriff am 15. November 2015).
[53] Die Protagonistin Maike wird Sam beleidigt und von der Tochter ihres neuen Freund nicht akzeptiert.
Sam, die Ex-Freundin von Alex, fühlt sich durch Maike ersetzt und von ihrem Ex-Freund hierdurch bestraft.
Alex' Tochter von Alex scheint eifersüchtig auf die neue Freundin ihres Vaters und hat das Gefühl, dieser
würde ihr weniger erlauben, um vor der neuen Freundin gut da zustehen. Vgl. NowTV, RTL2. Köln 50667
(Folge 1). filmpool Film- und Fernsehproduktion. 7. Januar 2013. http://www.nowtv.de/rtl2/koeln-
50667/koeln-50667-folge-1 (Zugriff am 15. November 2015) / —. *Köln 50667 (Folge 2)*. filmpool Film- und
Fernsehproduktion. 8. Januar 2013. http://www.nowtv.de/rtl2/koeln-50667/koeln-50667-folge-2 (Zugriff
am 15. November 2015).
[54] Betrachtete Folge: Folgen 691+692 vom 23.09.2015 und 24.09.2015.

Unterschied ist der, dass neue Menschen in ihr Leben getreten sind, deren Privatleben ebenfalls zum Gegenstand der Soap geworden ist. Die unterschiedlichen Handlungsstränge hängen zusammen und es wird eine hermetisch abgeschlossene Welt präsentiert. Im Gegensatz zu dem followed Genre *Newtopia* ist diese Welt zwar inszeniert und die Verhaltensweisen und Situationen nicht real, aber dennoch realitätsnah.

Wie bereits in den Talkshows der 90er Jahre geschehen, bedient sich auch *Köln 50667* offensichtlich an Methoden der Privatisierung und Emotionalisierung, denn es werden private Probleme thematisiert, welche durch die Gespräche der Protagonisten untereinander, sowie durch stimmungsgeladene Musik eine Emotionalisierung des Gezeigten bewirken. Auch ist die Soap von Strategien der Dramatisierung geprägt. Während beim performativen und followed Reality TV *Newtopia* den Streitigkeiten weitestgehend aus dem Weg gegangen wird, werden diese bei *Köln 50667* besonders ausartend inszeniert.[55] Diese Strategie scheint zu funktionieren: Ein halbes Jahr nach der Erstausstrahlung der Soap überholt *Köln 50667* sogar den Vorläufer *Berlin Tag und Nacht* und sichert sich bei den 14 bis 29-Jährigen bis zu 25,6 Prozent Marktanteil zur Sendezeit.[56] Auch im Jahr 2015 liegt die Soap noch über dem Senderschnitt[57] und ein Absetzen der Serie ist derzeit nicht geplant. Es scheint also, als würden noch immer genügend Zuschauer vor dem Fernseher verweilen und sich mehr oder weniger heimlich, aber mit Sicherheit unentdeckt vom betrachteten Objekt, an den präsentierten Körpern und den intimen Themen erfreuen.

---

[55] Vgl. Sehr lauter und intensiver Streit zwischen zwei Protagonisten: NowTV, RTL2. *Köln 50667 (Folge 692).* filmpool Film- und Fernsehproduktion. 24. September 2015. http://www.nowtv.de/rtl2/koeln-50667/jahr/2015/09/koeln-50667-folge-692 (Zugriff am 15. November 2015).TC: 00:13:05 – 00:14:15.
[56] Vgl. Express. „„Berlin – Tag & Nacht" überholt. Quoten-Höhenflug: Darum ist „Köln 50667" so erfolgreich." Express.de. 13. Juni 2013. http://www.express.de/koeln-50667/-berlin---tag---nacht--ueberholt-quoten-hoehenflug--darum-ist--koeln-50667--so-erfolgreich,20947846,23137184.html (Zugriff am 15. November 2015).
[57] Vgl. Weis, Manuel. „«Köln 50667»: Aufschwung vorbei?" *Quotenmeter.* 9. Juni 2015. http://www.quotenmeter.de/n/78734/koeln-50667-aufschwung-vorbei (Zugriff am 15. November 2015).

Fazit

Das Fernsehen als imaginärer Signifikant ist als solcher zu verstehen, da es, ähnlich wie der Film, aufgrund seiner Bildhaftigkeit als Objekt physisch abwesende Subjekte veranschaulicht. Als imaginärer Signifikant macht das Fernsehen etwas deutlich und erkennbar, das nicht wirklich real, sondern fiktiv, eben imaginär ist. Die physische Distanz begünstigt die Schaulust. Ein Verweilen beim Signifikanten Fernsehen, dem Vermittler zwischen Zuschauer und der, wie MULVEY schreibt, ‚privaten Welt' anderer, ist die Voraussetzung dafür, von voyeuristischer Skopophilie im Sinne FREUDS sprechen zu können.

Der Begriff Voyeurismus wird zwar in Bezug auf das Fernsehen und in besonderem Maße in Zusammenhang mit dem Konsum von Reality TV Formaten häufig verwendet. Allerdings ist dieses offenbar dem Kinofilm hinsichtlich der Förderung voyeuristischer Sehsituationen unterlegen, die jener durch unterschiedliche Inszenierungsstrategien sowie durch die dem Kino-Regime eigenen Merkmale begünstigt. Zwar scheint im Besonderen die Darstellung privater Welten und Inhalte – das Hauptmerkmal des Formats – die Skopophilie auszulösen, doch kann ein Verweilen, wie in der vorangegangen Analyse deutlich geworden ist, nur durch das Zusammenspiel gewisser Charakteristika der bildhaften Darstellung ausgelöst werden. Diese Charakteristika sind nach METZ und MULVEY solche, die dazu beitragen, die Identifikation mit dem Dargestellten sowie mit den technischen Voraussetzungen zu fördern, oder aber die Wahrung der Distanz hervorzuheben sowie dazu befähigen, das Dargestellte als (Lust-)Objekt wahrzunehmen.

Wird heutzutage (am Nachmittag) der Fernseher eingeschaltet, so eröffnet sich dem Betrachter mit sehr großer Wahrscheinlichkeit die Möglichkeit, auf mindestens einem der privaten Sender Einblicke in die mehr oder weniger reale Welt einer Privatperson zu erhalten. Ob in Form von „moments of real life captured by camera" (Calvert 2000, 4), oder durch Einblicke in eine rekonstruierte oder gar frei erfundene Welt; der Fernsehzuschauer wird durch unterschiedlichste Inhalte und Inszenierungsstrategien dazu ermuntert, beim jeweils Gezeigten zu verweilen. Der Erfolg der Shows, also die Fähigkeit, Quoten aufrecht zu erhalten, scheint in Anlehnung an die freudsche Theorie, zum einen damit zusammenzuhängen, dass der Sehtrieb immer unbefriedigt und der Mensch somit ohnehin ständig der Lust des Schauens ausgesetzt ist. Zum anderen hat die hohe Präsenz intimer Inhalte im Fernsehen längst dazu beigetragen, dass sich der Einblick in private Welten durch das Fernsehen normalisiert und das voyeuristische Schauen sich in HAMMELS Worten ‚universalisiert' hat (Vgl. Hammel 1992, 12). Das Verweilen kann scheinbar nicht mehr durch das Empfinden von Scham unterbrochen werden. Selbst das alles andere als geheimnisvolle

"Fernseh-Regime" erweist sich nicht als hinderlich für die voyeuristische Skopophilie. Obwohl das Fernsehen selten im Dunkeln stattfindet und oftmals sogar in kommunikativer Gesellschaft, kann davon ausgegangen werden, dass der Zuschauer in die Rolle des Voyeurs schlüpft. Aufgrund der Etablierung der privaten Inhalte auf dem Fernsehmarkt scheint Voyeurismus legitimiert. Die Fernsehzuschauer identifizieren sich gegenseitig als Voyeure. Keiner von ihnen ist das Objekt. Wäre nämlich das Objekt, das ein Teil des imaginären Signifikanten Fernsehen ist, dazu in der Lage, die Betrachtung zu bejahen, würde das voyeuristische Schauen gar nicht erst zustande kommen. Solange sich keine Wechselwirkung zwischen Subjekt und Objekt entwickelt, bleibt die voyeuristische Schaulust begünstigt. Gefördert wird der Voyeurismus innerhalb des Fernseh-Regimes, wenn die Darsteller im Fernsehen so agieren, als wüssten sie nicht, dass sie beobachtet werden.

Es ist zwar offenkundig, dass die Produzenten einer Show die Hoffnung auf das Verweilen des Zuschauers haben. Ebenso ist aber auch die Tatsache erkennbar, dass nicht jedes Konzept tatsächlich voyeuristische Sehsituationen begünstigt und somit das Verweilen des Zuschauers bewirkt. Innerhalb der Analyse dieser Arbeit habe ich sowohl ein offenbar erfolgreiches, als auch ein gescheitertes Reality TV Konzept betrachtet. Hierbei ist aufgefallen, dass der followed Show *Newtopia* vielmals die Möglichkeiten fehlen, voyeuristische Sehsituationen zu erschaffen, da diese Art von Reality TV nicht inszeniert, nicht plant, sondern lediglich dem Geschehen folgt. Da der Voyeurismus mit dem Verweilen zusammenhängt und eben dieses begünstigt, lässt sich vermuten, dass *Newtopia* aufgrund der fehlenden Möglichkeit zum Hervorbringen voyeuristischer Sehsituationen die Quoten nicht steigern konnte. In Anbetracht dessen stellt sich allerdings die Frage, wieso das Format in seinem Ursprungsland, den Niederlanden, noch immer erfolgreich ist und die durchaus sehr ähnliche Show *Big Brother* sogar nach über einem Jahrzehnt noch immer nicht abgesetzt worden ist. Das Beantworten dieser Frage ist insofern schwierig, da die genannten Reality Shows innerhalb dieser Arbeit nicht hinsichtlich ihrer Charakteristika und möglichen Inszenierungsstrategien analysiert wurden. Es scheint jedoch naheliegend, dass die Erfolge zum einen durch ein zum Affektfernsehen passendes Verhalten der Kandidaten selbst bedingt sind, sprich durch die strategische Selbstvermarktung der Kandidaten mit Hilfe der Personalisierung, Emotionalisierung, Intimisierung, Dramatisierung und Stereotypisierung, welche gekoppelt mit einem gelungenen "Ausmalen" des Gefilmten innerhalb der Postproduktion die genannten Strategien verstärken. Zum anderen ist zu vermuten, dass bereits während der Dreharbeiten mit visuellen Reizen gespielt worden ist.

Es fällt auf, dass bei *Newtopia* von vornherein wenig Potential für Konflikte besteht. Die Pioniere müssen nicht, wie beispielsweise die Kandidaten von *Big Brother*, verschiedene Spiele absolvieren oder auf eine andere Weise gegeneinander antreten, was zu Spannungen untereinander und somit zu einem unkontrollierten, scheinbar nicht überwachten Verhalten führt, was dem Zuschauer laut der psychoanalytischen Filmtheorie das Gefühl gibt, etwas Privates zu beobachten.[58]

Die planned Reality Soap *Köln 50667* zähle ich zu einem Genre des Formats, welches der Bezeichnung "Voyeurismus-Fernsehen" gerecht wird. Die Inhalte sind fiktiv und die Soap zeigt im Gegensatz zum followed Genre nicht reale Menschen, sondern (Laien-)Schauspieler. Trotzdem erschafft das Format mehr voyeuristische Sehsituationen, sodass die „*nicht autorisierte Skopophilie der Urszene* [Anm.: Hervorhebung im Original]" (Metz 2000, 60) konsequenter fortgesetzt wird als bei dem followed Genre *Newtopia*. Dies mag damit zusammenhängen, dass *Newtopia* ein performatives Genre ist und demnach die Bühne, also der Ort der Show, im Vordergrund steht, auf welcher die Charaktere zwar als Privatpersonen agieren, aber wie im Theater offensichtlich um ihr Beobachtetwerden wissen. Bei *Köln 50667* sind die Menschen und ihre alltäglichen Probleme Hauptgegenstand des Gezeigten. Sowohl das Interesse am Gezeigten aufgrund von Ähnlichkeit als auch jenes, dass durch das Betrachten einer anderen Person als Lustobjekt hervorgerufen wird, scheinen bei diesem narrativen Genre leichter ausgelöst werden zu können. So wie MULVEY beschreibt, sei die Voraussetzung für die Identifizierung die Unterdrückung des Blicks der Kamera. Die Mischung von filmischem in-Szene-Setzen und dokumentarischer Kameraführung, wie beim planned Format beobachtet, scheint die "Lösung" des Reality TV zu sein, Identifikation zu gewährleisten und gleichzeitig Echtheit vorzutäuschen. Die Distanz zum Gezeigten, die aufgrund des Vermittlers Fernsehen in beiden Genres gegeben ist, offenbart sich nur dann als Auslöser der voyeuristischen Schaulust, wenn zugleich der skopische Trieb oder die narzisstische Lust durch das Gezeigte begünstigt sind.

Wie CLAY beschreibt, wird innerhalb der neuen Medien vielmals versucht, mithilfe von sexuellem Voyeurismus den Zuschauer zum Verweilen zu bringen. Er bringt diese Art von Voyeurismus aber eher mit pornografischen Inhalten, wie sie im Internet kursieren, in Verbindung (Vgl. Calvert 2000, 10). Das Ausstrahlen von Pornografie ist im Fernsehen allerdings untersagt.[59] Mit den Reizen des

---

[58] Vgl. Kapitel 3, S. 18: „Eine Strategie, die ein Film also verfolgen müsse, um die voyeuristische Schaulust größtmöglich auszulösen, sei die, bei welcher der „Schauspieler vor der Kamera so agiert, als ob er nicht gesehen werden würde (und zugleich, als ob er seinen Voyeur nicht sähe) [...] [und] seinen normalen Tätigkeiten nachgeht und weiter existiert [...]" (Metz 2000, 76f.).

[59] Vgl. Handel, Timo. „Die Strafbarkeit von Pornografie." medienstrafrecht.info. 1. März 2015. www.medienstrafrecht.info/die-strafbarkeit-von-pornografie/ (Zugriff am 15. November 2015).

Körpers spielt das Fernsehen dennoch. So wird bei *Köln 50667* beispielsweise durch visuelle Reize mit sexuellen Reizen gespielt. Auch bei *Newtopia* wird die menschliche Sexualität thematisiert. Das Format verzichtet hierbei allerdings auf Inszenierungsstrategien, welche trotz des Wissens der Zuschauer, dass im Fernsehen nicht alles unzensiert gezeigt werden darf, dazu beitragen, die Schaulust aufrechtzuerhalten. In dem Moment, in dem etwas Interessantes passiert, wird beim followed Format einfach "drauf gehalten", nicht etwa, wie beispielsweise beim Kinofilm, oder auch beim gescripteten Format *Köln 50667*, das Objektiv gewechselt oder der Einstellungswinkel verändert. Sind die Aufnahmen zu gewagt, können sie nicht verwendet werden.

Unter Berücksichtigung der Entwicklung des Reality TV Formats lässt sich die performative Show *Newtopia* in vielerlei Hinsicht mit der Talkshow vergleichen, welche den Ausgangspunkt der Entwicklung des Reality TV darstellt. Wie bei *Newtopia* liegt auch bei den Talkshows der Fokus nicht auf einer Narration, sondern eher auf der Idee des Genres, unterschiedliche Menschen mit verschiedenen sozialen Hintergründen auf eine „Bühne für nicht-alltägliche Inszenierungen" (Klaus und Lücke 2003, 199) zu holen und abzuwarten, was passiert. Fest steht, jedenfalls seit Einführung des Kodex, dass die Show weder akustisch, noch visuell ausarten darf. Ist dies dennoch der Fall, muss zensiert werden. Bei *Newtopia* sind die "verbotenen" Szenen einfach nicht im Fernsehen ausgestrahlt worden. Um die rechtlichen Beschränkungen zu umgehen, inszeniert planned Reality TV die Inhalte so, dass sowohl auf inhaltlicher als auch auf visueller Ebene das Potential zur Aufrechterhaltung der Schaulust gegeben ist. So ist die Kunst, voyeuristische Sehsituationen zu schaffen, jene, die voyeuristische Skopophilie zu befriedigen, indem die Schaulust nicht befriedigt wird.

Aus dem Erarbeiteten lässt sich Folgendes schlussfolgern: Das Gefühl des Zuschauers, kein Einverständnis für das Beobachten zu erhalten, scheint beim Fernsehen durch das filmische in-Szene-Setzen bedingt zu sein und ist ausschlaggebend dafür, von einer voyeuristischen Skopophilie sprechen zu können. Alle weiteren Eigenheiten der unterschiedlichen Fernsehformate oder -genres können diese nur begünstigen oder erschweren. Wenn die *„nicht autorisierte Skopophilie der Urszene [Hervorhebung im Original]"* (Metz 2000, 60) nicht geradlinig umgesetzt wird, können weder Strategien des Affektfernsehens, noch solche der Skandalisierung oder Sexualisierung das Reality TV Format zu einem voyeuristischen Format machen. Günstig scheinen Genres, die eine Narration vorgeben und dem Zuschauer ermöglichen, Einblicke in eine andere, hermetisch abgeschlossene Welt zu erhalten. Dies liegt offenbar daran, dass diese Welten privater und unerlaubter erscheinen als die nicht gescripteten, "realen" Inhalte der followed

Shows. In Anbetracht der durchgeführten Untersuchung, erscheint die Tendenz des Fernsehmarktes, die Formate mehr und mehr zu scripten, nicht abwegig.

FREUD schreibt: „Unsere Kultur ist ganz allgemein auf der Unterdrückung von Trieben aufgebaut" (Freud 1908, Kapitel 39). Das Fernsehen lässt sich als eine Art Schlupfloch identifizieren, bei welchem eine Unterdrückung des Triebes – nämlich der des Sehtriebes – nicht nötig ist, da dieser innerhalb des Fernseh-Regimes geduldet wird. Der Fernsehzuschauer scheint durch die "Freilassung" des skopischen Triebs dem alltäglichen Leben entfliehen zu können. Zum Voyeur wird er dann, wenn der skopische Trieb gegenüber den anderen Trieben eine höhere Position einnimmt und der Zuschauer in die gezeigte Welt eintaucht und sich mit ihr identifiziert. Die Voraussetzungen für das voyeuristische Schauen wurden innerhalb dieser Arbeit am Beispiel des Reality TV analysiert und identifiziert. Es scheint zwar nicht die eine Strategie zu geben, die das voyeuristische Schauen begünstigt, allerdings haben sich Charakteristika des audiovisuellen Bewegtbildes herauskristallisiert, die zur Erschaffung voyeuristischer Sehsituationen beitragen sowie solche, die eben diese verringern. Obwohl sich das Phänomen "Voyeurismus-Fernsehen" als sehr komplex offenbart, lässt sich bezüglich der zwei untersuchten Formate des Reality TV etwas festhalten, das beim ersten Lesen leicht verständlich erscheint:

Die visuelle Lust am imaginären Signifikanten Fernsehen offenbart sich im Falle des Formats Reality TV als eine Lust nach authentischer Inszenierung.

Bei genauerer Betrachtung zeigt sich die Widersprüchlichkeit des vorangegangenen Satzes, denn eine Inszenierung kann zwar realitätsgetreu erscheinen, dies jedoch nicht sein. Dem neuzeitlichen Format des Reality TV gelingt es dennoch, diese beiden Begriffe innerhalb eines Satzes sinnvoll erscheinen zu lassen.

Literaturverzeichnis

Monografien

Aigner, Josef Christian, Theo Hug, Martina Scheugraf, und Angela Tillmann. *Medialisierung und Sexualisierung. Vom Umgang mit Körperlichkeit und Verkörperungsprozessen im Zuge der Digitalisierung.* Digitale Kultur und Kommunikation, 3. Herausgeber: Angela Tillmann. Wiesbaden: Springer VS, 2015.

Calvert, Clay. *Voyeur Nation.* Boulder: Westview Press, 2000.

Foltin, Hans-Friedrich. *Geschichte des Fernsehens in der Bundesrepublik Deutschland.* Herausgeber: Hans-Friedrich Foltin und Gerd Hallenberger. Bd. 4. 5 Bde. München: Wilhelm Fink, 1994.

Fromm, Bettina. *Privatgespräche vor Millionen. Fernsehauftritte aus psychologischer und soziologischer Perspektive.* Herausgeber: Wissenschaftsforum UVK. Bd. 6. 6 Bde. Konstanz: UVK Medien, 1999.

Gehrig, Gerlinde, und Ulrich Pfarr. „Handbuch psychoanalytischer Begriffe für die Kunstwissenschaft." Herausgeber: Ulrich Pfarr. Gießen: IMAGO Psychosozial-Verlag, 2009.

Groebel, Jo, et al. *Bericht zur Lage des Fernsehens.* Gütersloh: Bertelsmann Stiftung, 1995.

Hepp, Andreas. *Fernsehaneignung und Alltagsgespräche. Fernsehnutzung aus der Perspektive der Cultural Studies.* Wiesbaden: Westdeutscher Verlag, 1998.

Hickethier, Knut. *Geschichte des deutschen Fernsehens.* Stuttgart: Metzler, 1998.

Hißnauer, Christian. *Fernsehdokumentarismus. Theoretische Näherungen, pragmatische Abgrenzunge, begriffliche Klärung.* Konstanz: UVK Verlagsgesellschaft , 2011.

Holly, Werner, Urlich Püschel, und Jörg Bergmann. *Der sprechende Zuschauer. Wie wir uns Fernsehen kommunikativ angeignen.* Wiesbaden: Springer, 2001.

Holzer, Horst. *Die Privaten. Kommerz in Funk und Fernsehen.* Köln: Pahl-Rugenstein Verlag GmbH, 1989.

Klass, Nadine. *Rechtliche Grenzen des Realitätsfernsehens.* Tübingen: Mohr Siebeck, 2004.

Krüger, Udo Michael. *Programmprofile im dualen Fernsehsystem 1991-2000.* Herausgeber: ARD. Bd. 15. 21 Bde. Baden-Baden: Nomos, 2001.

Lücke, Stephanie. *Real life soaps. Ein neues Genre des Reality-TV.* Medien- und Kommunikationswissenschaft, 2. Münster: LIT, 2002.

Lüneborg, Margreth, Dirk Martens, Tobias Köhler, und Claudia Töpper. *Skandalisierung im Fernsehen. Strategien, Erscheinungsformen und Rezeption von Reality TV Formaten.*

Schriftenreihe Medienforschung der LfM. Herausgeber: LfM. Bd. 65. 75 Bde. Berlin: VISTAS Verlag GmbH, 2011.

Metz, Christian. *Der imaginäre Signifikant. Psychoanalyse und Kino. Film und Medien in der Diskussion.* Herausgeber: Jürgen E. Müller. Bd. 9. Münster: Nodus-Publ., 2000.

Mikos, Lothar, Patricia Feise, Katja Herzog, Elizabeth Prommer, und Verena Veihl. *Im Auge der Kamera. Das Fernsehereignis Big Brother. Beträge zur Film- und Fernsehwissenschaft.* 2. Herausgeber: Dieter Wiedemann und Lothar Mikos. Bd. 55. 63 Bde. Potsdam-Babelsberg: Vistas, 2001.

Sjurts, Insa. *Die deutsche Medienbranche. Eine Unternehmensstrategische Analyse.* Wiesbaden: Gabler Verlag, 1996.

Weiß, Ralph, und Jo Groebel. *Privatheit im öffentlichen Raum.* Herausgeber: Landesanstalt für Rundfunk Nordrhein-Westfalen. Bd. 43. 75 Bde. Oplden: Leske + Budrich, 2002.

Aufsätze

Bleicher, Joan Kristin. „Formatiertes Privatleben. Muster der Inszenierungen von Privatem in der Programmgeschichte des deutschen Fernsehens." In *Privatheit im öffentlichen Raum. Medienhandeln zwischen Individualisierung und Entgrenzung,* von Jo Groebel Ralph Weiß, Herausgeber: Jo Groebel, 207-245. Opladen: lfr: Leske + Budrich, 2002.

Eisentraut, Dieter. „Voyeurismus und Fetischismus." In *Handbuch psychoanalytischer Begriffe für die Kunstwissenschaft,* von Ulrich Pfarr Gerlinde Gehrig, Herausgeber: Ulrich Pfarr, 423-435. Gießen: IMAGO-Psychosozial-Verlag, 2009.

Hall, Peter Christian. „Rundfunk in der Bundesrepublik Deutschland." In *Was Sie über Rundfunk wissen sollten,* Herausgeber: ARD/ZDF-Arbeitsgruppe Marketing, 15-85. Berlin: VISTAS, 1997.

Hammel, Eckhard. „Die Universalisierung des Voyeurismus. Zur Explikation der Medien." Bd. 2, in *Düsseldorf, H.-H.-Medien. Medienwissenschaftliche Beiträge der Heinrich-Heine-Universität,* 12-17. 1992.

Klaus, Elisabeth. „Grenzenlose Erfolge? Entwicklungen und Merkmale des Reality TV." In *Unterhaltung. Konzepte - Formen - Wirkungen,* von Brigitte Frizzoni und Ingrid Tomkowiak, Herausgeber: Ingrid Tomkowiak, 83-106. Zürich: CHRONOS, 2006.

Mulvey, Laura. „Visuelle Lust und narratives Kino." *Weiblichkeit als Maskerade,* 1994: 48-65.

Neumann-Bechstein, Wolfgang. „Die Programme - Die Sendungen." In *Was Sie über Rundfunk wissen sollten,* Herausgeber: ARD/ZDF-Arbeitsgruppe Marketing, 87-187. Berlin: VISTAS, 1997.

Nieland, Jörg Uwe, Christian Schicha, und Martin K.W Schweer. „Privatisierung der öffentlichen Kommunikation? Zum Spielraum gesellschaftlicher, politischer und wissenschaftlicher

Reaktionen." In *Das Private in der öffentichen Kommunikation*, von Jörg Uwe Nieland, Christian Schicha und Martin K. W Schweer, 9-30. Köln: von Halem, 2002.

Schicha, Christian. „Ein Experiment wie mit Ratten? Big Brother und die Moraldebatte." In *Das Private in der öffentlichen Kommunikation*, von Jörg Uwe Nieland, Christian Schicha und Martin K.W. Schweer, 105-133. Köln: Halem, 2002.

Schneider, Gerhard. „Film und psychanalytische Theorie." In *Handbuch psychoanalytischer Begriffe für die Kunstwissenschaft*, von Gerlinde Gehrig und Ulrich Pfarr, Herausgeber: Ulrich Pfarr, 109-122. Gießen: IMAGO Psychosozial-Verlag, 2009.

Stapf, Ingrid, und Almut Rademacher. „Das Prinzip Voyeurismus. Medienethische Überlegungen zum Reality TV zwischen kollektiver Sexualstörung und kulturellem Wandel von Sehgewohnheiten." In *Medialisierung und Sexualisierung. Vom Umgang mit Körperlichkeit und Verkörperungsprozessen im Zuge der Digitalisierung.*, von Josef Christian Aigner, Theo Hug, Martina Schuegraf und Angela Tillmann, 57-82. Wiesbaden: Springer VS, 2015.

Wolf, Fritz. „Die Docu-Soap. Rennaissance oder Ende des Dokumentarfilms im Fernsehen?" In *Kulturwissenschaft, Film und Öffentlichkeit*, von Edmund Ballhaus, 290-299. Münster: Waxmann, 2001.

Berichte

Ahrens, Annabelle, und Hans-Jürgen Weiß. *Scripted Reality. Fiktionale und andere Formate der neuen Realitätsunterhaltung.* Programmbericht 2011. Fernsehen in Deutschland, Programmforschung, Berlin: Vistas Verlag GmbH, 2012, 59-93.

Bente, Gary, und Bettina Fromm. *Affektfernsehen. Motive, Angebotsweisen und Wirkungen.* Herausgeber: Landesanstalt für Rundfunk Nordrhein-Westfalen. Bd. 24. 75 Bde. Opladen: Leske + Budrich, 1997.

Trebbe, Joachim, und Hans-Jürgen Weiß. *Die Programmangebote in den Mediatheken der Fernsehvollprogramme.* Programmbericht 2013. Fernsehen in Deutschland, Programmforschung, die medienanstalten, Berlin: Vistas Verlag GmbH, 2014, 61-87.

Weiß, Hans-Jürgen. *Laissez faire? Argumente zur Präzisierung der Kritik an Scripted-Reality-Formaten.* Programmbericht 2011. Fernsehen in Deutschland., Programmdiskurs, die medienanstalten, Berlin: VISTAS, 2012, 211-217.

Wolf, Fritz. *Alles Doku - oder was? Über die Ausdiffernezierung des dokumentarischen im Fernsehen.* lfm Dokumentation. Herausgeber: Landesanstalt für Medien Nordrhein-Westfalen. Bd. 25. LFM, 2003.

Zeitschriftenartikel

Aherns, Anabelle, und Hans-Jürgen Weiß. „Scripted-Reality-Formate: Skandal oder normal?" *tv diskurs. Verantwortung in audiovisuellen Medien*, März 2012: 20-25.

Klaus, Elisabeth, und Stephanie Lücke. „Reality TV. Definition und Merkmale einer erfolgreichen Genrefamilie am Beispiel von Reality Soap und Docu Soap." *Medien & Kommunikationswissenschaft (M&K)*, 2003: 195-212.

Mikos, Lothar. „Das Spiel mit der Realität. Darstellungsformen im Reality TV." *Televizion*, 25. Januar 2012: 48-51.

—. „Ein Prototyp wird zehn Jahre alt. Big Brother hat die Fernsehlandschaft verändert." *tv diskurs. Alles nur Spaß? Humor als Wirkungselement in Fernsehen und Internet*, Februar 2010: 72-77.

Schicha, Christian. „Medienethik und Medienqualität." *Zeitschrift für Kommunikationsökologie*, Februar 2003: 44-53.

Stichler, Christian. „Scripted Reality - Eine Chance für den NDR?" *epd medien*, 2010: 22-24

Wolf, Fritz. „Plot, Plot und wieder Plot. "Doku-Soap": Mode oder Zukunft des Dokumenarfilms?" *epd medien*, 1999: 3-6.

Texte aus dem Internet

BBfun. „Newtopia Pionier Kalle und der Sex, nun wird Tacheles geredet." *BBfun*. 19. März 2015. http://bbfun.de/news/newtopia-2015/newtopia-sex-kalle-spricht-1292892844.html (Zugriff am 15. November 2015).

BILD. „Candy und Victoria schmatzen sich in Ekstase | Erster Sex in „Newtopia"!" *BILD*. 27. April 2015. http://www.bild.de/unterhaltung/tv/newtopia/candy-und-victoria-haben-sex-40714202.bild.html (Zugriff am 15. November 2015).

—. „Was „Newtopia"-Candy kann, können die auch. Raten Sie mal, wer hier Matratzensport treibt." 10. Mai 2015. http://www.bild.de/unterhaltung/tv/newtopia/wer-betreibt-hier-matratzensport-40894686.bild.html (Zugriff am 15. November 2015).

Egger, Jeanette. „Es ist angerichtet! Die Entwicklung der Doku-Soap im deustchen Fernsehen. Anfänge, Entwicklungen und aktuelle Tendenzen." *Dokumentarfilmforschung*. Herausgeber: Haus des Dokumentarfilms. Juli 2011. http://dokumentarfilmforschung.de/dff/cms/wp-content/uploads/2011/07/Jeanette-Eggert-Es-ist-angerichtet.pdf (Zugriff am 15. November 2015).

Express. „„Berlin – Tag & Nacht" überholt. Quoten-Höhenflug: Darum ist „Köln 50667" so erfolgreich." *Express.de*. 13. Juni 2013. http://www.express.de/koeln-50667/-berlin---tag--nacht-ueberholt-quoten-hoehenflug--darum-ist--koeln-50667--so-erfolgreich,20947846,23137184.html (Zugriff am 22. Oktober 2015).

fernsehserien.de. „Das perfekte Promi Dinner. Infos." *fernsehserien*. kein Datum. http://www.fernsehserien.de/das-perfekte-promi-dinner (Zugriff am 15. November 2015).

—. „Herzblatt. Infos." *fernsehserien*. kein Datum. http://www.fernsehserien.de/herzblatt (Zugriff am 15. November 2015).

—. „Ich bin ein Star - Holt mich hier raus!. Infos." *fernsehserien*. kein Datum. http://www.fernsehserien.de/ich-bin-ein-star-holt-mich-hier-raus (Zugriff am 15. November 2015).

—. „Köln 50667." *fernsehserien*. kein Datum. http://www.fernsehserien.de/koeln-50667 (Zugriff am 15. November 2015).

—. „Sarah und Marc in love. Infos." *fernsehserien*. kein Datum. http://www.fernsehserien.de/sarah-und-marc-in-love (Zugriff am 15. November 2015).

—. „Traumhochzeit. Infos." *fernsehserien*. kein Datum. http://www.fernsehserien.de/traumhochzeit (Zugriff am 11. November 2015).

—. „Wer wird Millionär. Infos." *fernsehserien*. kein Datum. http://www.fernsehserien.de/wer-wird-millionaer (Zugriff am 15. November 2015).

filmlink. „Online-Informationsressourcen der Film- und Fernsehwissenschaft." *filmlink*. 24. Juli 2011. http://www.filmlink.de/index.htm (Zugriff am 15. November 2015).

Focus. „Kiesbauer aus den 90ernTV-Star Arabella moderiert den ESC – Wo kommt die denn plötzlich wieder her?" *FOCUS Online Nachrichten*. 23. Mai 2015. http://www.focus.de/kultur/musik/nach-elf-jahren-arabella-kiesbauer-ist-wieder_id_4692587.html (Zugriff am 15. November 2015).

Focus(dpa). „Sat.1-Projekt „Newtopia": 15 Leute, 105 Kameras." *Focus Online*. 14. Januar 2015. http://www.focus.de/kultur/kino_tv/medien-sat-1-projekt-newtopia-15-leute-105-kameras_id_4404719.html (Zugriff am 15. Novemvber 2015).

Focus(kiru). „TV-Show auf Quotenfang? Erster Sex bei „Newtopia": Ekel-Candy schleppt Kandidatin ab." *Focus Online. Kultur*. 27. April 2015. http://www.focus.de/kultur/kino_tv/tv-show-auf-quotenfang-erster-sex-bei-newtopia-ekel-candy-schleppt-kandidatin-ab_id_4642413.html (Zugriff am 15. November 2015).

Focus(spotOn). „„Newtopia": So unterhaltsam war der Auftakt." *FOCUS Online Nachrichten*. 23. Februar 2015. http://www.focus.de/kultur/kino_tv/newtopia-newtopia-so-unterhaltsam-war-der-auftakt_id_4497370.html (Zugriff am 15. November 2015).

Freud, Sigmund. „Abweichungen in bezug auf das Sexualziel. Drei Abhandlungen zur Sexualtheorie - Kapitel 3." *Spiegel Online Kultur. Projekt Gutenberg*. kein Datum. http://gutenberg.spiegel.de/buch/drei-abhandlungen-zur-sexualtheorie-910/3 (Zugriff am 15. November 2015).

—. „Das Unheimliche. Kleine Schriften II - Kapitel 29." *Spiegel Online Kultur. Projekt Gutenberg*. 1919. http://gutenberg.spiegel.de/buch/kleine-schriften-ii-7122/29 (Zugriff am 15. November 2015).

—. „Die ›kulturelle‹ Sexualmoral und die moderne Nervosität. Kleine Schriften I - Kapitel 39." *Spiegel Online Kultur. Projekt Gutenberg*. 1908. http://gutenberg.spiegel.de/buch/kleine-schriften-i-7123/39 (Zugriff am 15. November 2015).

—. „Die infantile Sexualforschung. Drei Abhandlungen zur Sexualtheorie - Kapitel 14." *Spiegel Online Kultur. Projekt Gutenberg*. kein Datum. http://gutenberg.spiegel.de/buch/drei-abhandlungen-zur-sexualtheorie-910/14 (Zugriff am 15. November 2015).

—. „Partialtriebe und erogene Zonen. Drei Abhandlungen zur Sexualtheorie - Kapitel 6." *Spiegel Online Kultur. Projekt Gutenberg*. kein Datum. http://gutenberg.spiegel.de/buch/drei-abhandlungen-zur-sexualtheorie-910/6 (Zugriff am 15. November 2015).

Gehrs, Oliver, und Thomas Tuma. „Richtig ausquetschen." *DER SPIEGEL*. November 2000. http://www.spiegel.de/spiegel/print/d-15930910.html (Zugriff am 15. November 2015).

Handel, Timo. „Die Strafbarkeit von Pornografie." *medienstrafrecht.info*. 1. März 2015. www.medienstrafrecht.info/die-strafbarkeit-von-pornografie/ (Zugriff am 15. November 2015).

Hetzel, Helmut. „Voyeurismus als Volkssport. Für TV-Show werden Menschen eingesperrt und rund um die Uhr gefilmt." *DIE WELT*. 30. September 1999. http://www.welt.de/print-welt/article585731/Voyeurismus-als-Volkssport.html (Zugriff am 15. November 2015).

Krei, Alexander. „Nach 12 Jahren: Sat.1 macht Schluss mit "Britt"." *DWDL*. 20. März 2013. http://www.dwdl.de/nachrichten/40092/nach_12_jahren_sat1_macht_schluss_mit_britt / (Zugriff am 15. November 2015).

Meder, Thomas. „Schaulust." *Lexikon der Filmbegriffe*. 23. Dezember 2012. http://filmlexikon.uni-kiel.de/index.php?action=lexikon&tag=det&id=8186 (Zugriff am 15. November 2015).

Nöthling, Timo. „In den Niederlanden: Was «Utopia» «Newtopia» voraus hat." *Quotenmeter*. 28. Juli 2015. http://www.quotenmeter.de/n/79746/in-den-niederlanden-was-utopia-newtopia-voraus-hat (Zugriff am 15. November 2015).

Rave, Carsten. „Nach vier Jahren kommt „Big Brother" zurück." *Sächsische Zeitung*. 22. September 2015. http://www.sz-online.de/nachrichten/kultur/nach-vier-jahren-kommt-big-brother-zurueck-3204438.html (Zugriff am 15. November 2015).

RTL2. *Köln 50667*. kein Datum. http://www.rtl2.de/sendung/koeln-50667/inhalt (Zugriff am 15. November 2015).

Rupel, David. „How Reality TV Works." *Writers Guild of America, West*. 2015. http://www.wga.org/organizesub.aspx?id=1091 (Zugriff am 15. November 2015).

Sat.1. „Newtopia. Infos zur Sendung." *Sat.1*. 2015. http://www.sat1.de/tv/newtopia/infos-zur-sendung (Zugriff am 15. November 2015).

Schader, Peer. „TV-Voyeurismus. Geschichten aus der Gruft zum Gruseln." *Frankfurter Allgemeinde. Feuilleton.* 7. November 2011. http://www.faz.net/aktuell/feuilleton/medien/tv-voyeurismus-geschichten-aus-der-gruft-zum-gruseln-11520834.html (Zugriff am 15. November 2015).

Schneider, Johannes. „Reality-TV. Dschungelcamp: Die Trash-Kompetenten." *Der Tagesspiegel.* 11. Januar 2012. http://www.tagesspiegel.de/kultur/reality-tv-dschungelcamp-die-trash-kompetenten/6061126.html (Zugriff am 15. November 2015).

Spiegel Online (hpi, dpa). „Sat.1-Sendung "Newtopia": Unter Fake-Verdacht." *Spiegel Online. Kultur.* 14. April 2015. http://www.spiegel.de/kultur/tv/newtopia-sat-1-sendung-unter-fake-verdacht-a-1028368.html (Zugriff am 15. November 2015).

Süddeutsche(dpa, jobr, harl). „Sat.1 bricht "Newtopia" ab." *Süddeutsche Zeitung.* 20. Juli 2015. http://www.sueddeutsche.de/medien/aus-fuer-reality-show-sat-bricht-newtopia-ab-1.2574025 (Zugriff am 15. November 2015).

tz. „Big Brother 2015: Alle Infos zur neuen Staffel." *tz.* 24. September 2015. https://www.tz.de/tv/big-brother-2015-tv-sky-sixx-sendezeiten-neue-staffel-start-finale-tz-5539314.html (Zugriff am 15. November 2015).

Weis, Manuel. „«Köln 50667»: Aufschwung vorbei?" *Quotenmeter.* 9. Juni 2015. http://www.quotenmeter.de/n/78734/koeln-50667-aufschwung-vorbei (Zugriff am 15. November 2015).

—. „John de Mol bastelt sich neues «Big Brother»." *Quotenmeter.* 9. Januar 2014. http://www.quotenmeter.de/n/68368/john-de-mol-bastelt-sich-neues-big-brother (Zugriff am 15. November 2015).

Videos aus dem Internet

NowTV, RTL2. *Köln 50667 (Folge 1).* filmpool Film- und Fernsehproduktion. 7. Januar 2013. http://www.nowtv.de/rtl2/koeln-50667/koeln-50667-folge-1 (Zugriff am 15. November 2015).

—. *Köln 50667 (Folge 2).* filmpool Film- und Fernsehproduktion. 8. Januar 2013. http://www.nowtv.de/rtl2/koeln-50667/koeln-50667-folge-2 (Zugriff am 15. November 2015).

—. *Köln 50667 (Folge 691).* filmpool Film- und Fernsehproduktion. 23. September 2015. http://www.nowtv.de/rtl2/koeln-50667/jahr/2015/09/koeln-50667-folge-691 (Zugriff am 15. November 2015).

—. *Köln 50667 (Folge 692).* filmpool Film- und Fernsehproduktion. 24. September 2015. http://www.nowtv.de/rtl2/koeln-50667/jahr/2015/09/koeln-50667-folge-692 (Zugriff am 15. November 2015).

Sat.1. *Newtopia. Folge 1 Staffel 1. Das Abenteuer beginnt!* Endemol. 23. Februar 2015.
http://www.sat1.de/tv/newtopia/videos/11-das-abenteuer-beginnt-ganze-folge (Zugriff am 15. November 2015).

—. *Newtopia. Folge 104 Staffel 1. Aus und Vorbei.* Endemol. 22. Juli 2015.
http://www.sat1.de/tv/newtopia/videos/1104-aus-und-vorbei-ganze-folge (Zugriff am 15. November 2015).

—. *Newtopia. Folge 105 Staffel 1. Willst du...?* Endemol. 23. Juli 2015.
http://www.sat1.de/tv/newtopia/videos/1105-willst-du-ganze-folge (Zugriff am 15. November 2015).

—. *Newtopia. Folge 106 Staffel 1. Ende gut. Alles gut.* Endemol. 24. Juli 2015.
http://www.sat1.de/tv/newtopia/videos/1106-ende-gut-alles-gut-ganze-folge (Zugriff am 15. November 2015).

—. *Newtopia. Folge 2 Staffel 1. Das große Anpacken.* Endemol. 24. Februar 2015.
http://www.sat1.de/tv/newtopia/videos/12-das-grosse-anpacken-ganze-folge2 (Zugriff am 15. November 2015).

—. *Newtopia. Folge 30 Staffel 1. Wenig Kleidung, hohe Kunst.* Endemol. 3. April 2015.
http://www.sat1.de/tv/newtopia/videos/130-newtopia-wenig-kleidung-hohe-kunst-ganze-folge (Zugriff am 15. November 2015).

—. *Newtopia. Video: Kate spannert in der Dusche.* Endemol. 22. April 2015.
http://www.sat1.de/tv/newtopia/videos/142-kate-spannert-in-der-dusche-clip (Zugriff am 15. November 2015).

Utopia.nl. *Utopia.nl. Nieuws, video's en discussieplatform.* 2015.
http://www.utopia.nl/livestream/ (Zugriff am 15. November 2015).

Elektronische Quellen

Hagedorn, Friedrich. *Bildbox für Millionen. Fernseh-und Mediengeschichte der Bundesrepublik Deutschland. Dokumente. Materialien. Analysen.* Herausgeber: Adolf Grimme Institut Friedrich Hagedorn. Marl: Bundeszentrale für politische Bildung, 2002.

Anhang

Abbildung 1: Subgenres des performativen Realitätsfernsehen. Quelle: Margreth Lüneborg et. al: *Skandalisierung im Fernsehen. Strategien, Erscheinungsformen und Rezeption von Reality TV Formaten.* Berlin: VISTAS Verlag GmbH, 2011, S. 23.

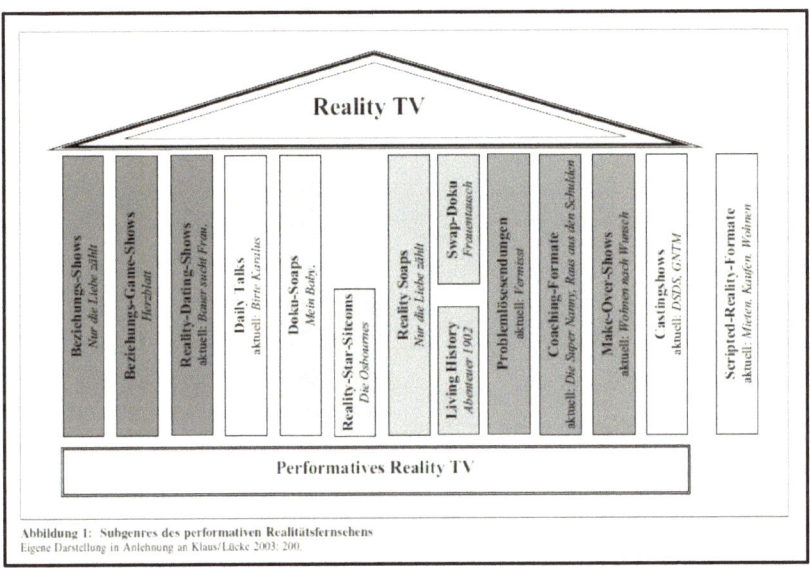

Abbildung 2: Stichprobe der Fernsehpublizistik 2013. Quelle: *Programmbericht 2013. Fernsehen in Deutschland. Programmforschung und Programmdiskurs.* Berlin: Vistas Verlag GmbH, 2014, S. 50.

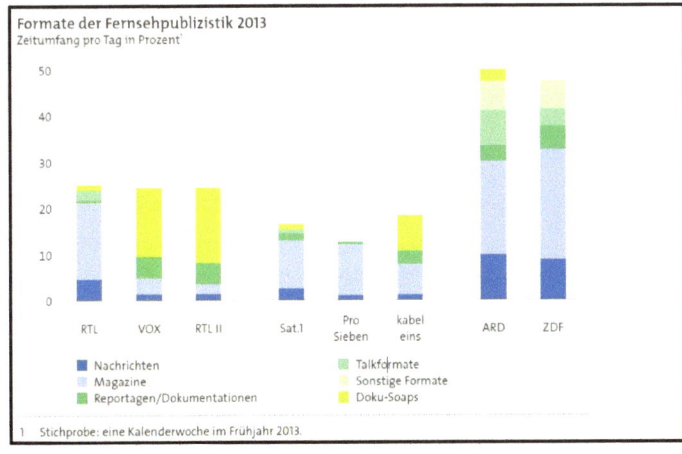

Abbildung 3: Programmstruktur am Nachmittag. Quelle: Programmbericht 2012. *Fernsehen in Deutschland. Programmforschung und Programmdiskurs.* Berlin: Vistas Verlag GmbH, 2013, S. 66.

Programmstruktur am Nachmittag
Stichprobenwoche der ALM-Studie im Frühjahr 2012, Mo–Fr, 14–18 Uhr, Zeitumfang in Prozent

	ARD	ZDF	RTL	VOX	RTL II	Sat.1	Pro Sieben	kabel eins
Programmcharakteristik								
Fernsehpublizistik[1]	29,8	38,3	3,3	-	1,8	-	19,0	8,3
Nachrichtensendungen	17,0	18,5	2,4	-	1,8	-	-	4,6
Magazinsendungen	12,8	19,8	0,9	-	-	-	19,0	3,7
Fiktionale Unterhaltung[1]	44,1	17,8	9,3	-	31,8	-	56,3	67,4
Nonfiktionale Unterhaltung[1]	-	39,7	-	-	-	-	-	-
Reality-TV	20,2	-	69,2	75,1	54,3	73,4	-	-
Doku-Soaps	20,2	-	18,8	37,3	54,3	0,1	-	-
Daily Talks	-	-	-	-	-	0,0	-	-
Gescriptete Doku-Soaps	-	-	50,4	18,7	-	18,4	-	-
Gescriptete Gerichts- und Personal-Help-Shows	-	-	-	-	-	54,9	-	-
Realityshows	-	-	-	19,1	-	-	-	-
Programmtrailer, Werbung, Sponsoring	5,9	4,2	18,2	24,9	12,1	26,6	24,7	24,3
Gesamt	100	100	100	100	100	100	100	100

1 Fernsehpublizistik, fiktionale und nonfiktionale Unterhaltung jeweils *ohne* Reality-TV-Formate.

Abbildung 4: Programmangebote von RTL II am Nachmittag 1998 – 2012. Quelle: Programmbericht 2012. *Fernsehen in Deutschland. Programmforschung und Programmdiskurs.* Berlin: Vistas Verlag GmbH, 2013, S. 80.

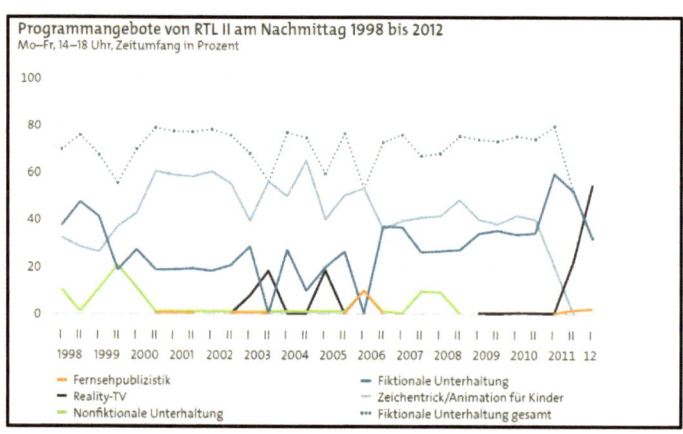

58

Abbildung 5: Programmangebote von VOX am Nachmittag 1998 – 2012. Quelle: Programmbericht 2012. *Fernsehen in Deutschland. Programmforschung und Programmdiskurs.* Berlin: Vistas Verlag GmbH, 2013, S. 80.

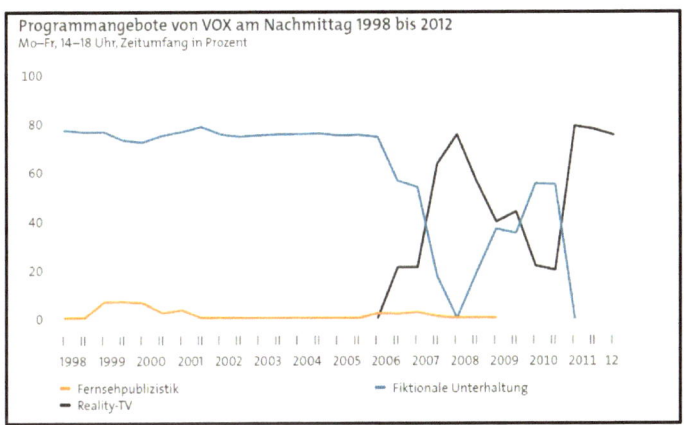

Abbildung 6: Programmangebote von Sat.1 am Nachmittag 1998 – 2012. Quelle: Programmbericht 2012. *Fernsehen in Deutschland. Programmforschung und Programmdiskurs.* Berlin: Vistas Verlag GmbH, 2013, S. 78.

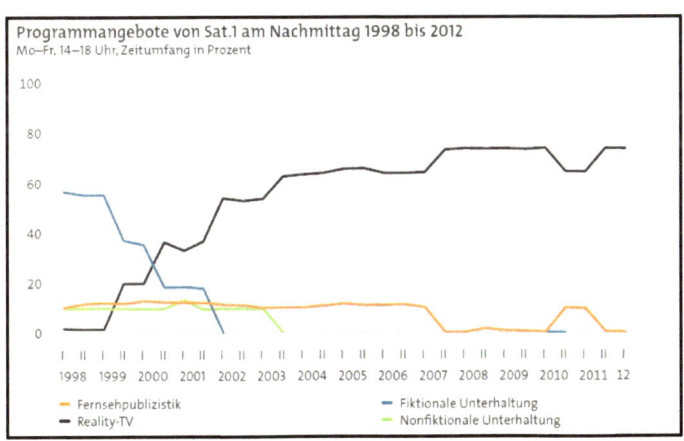

Abbildung 7: Programmangebote von RTL am Nachmittag 1998 – 2012. Quelle: Programmbericht 2012. *Fernsehen in Deutschland. Programmforschung und Programmdiskurs.* Berlin: Vistas Verlag GmbH, 2013, S. 78.

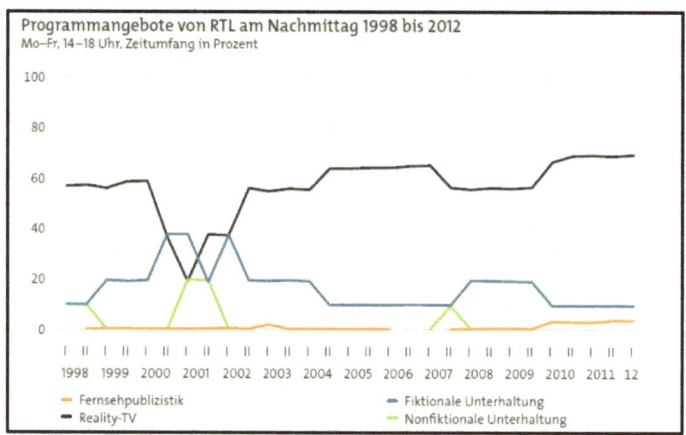

Abbildung 8: Screenshot des Online Streams. Dokumentarische Kameraführung. Quelle: Sat.1. *Newtopia. Folge 105 Staffel 1. Willst du...?* Endemol. 23. Juli 2015. http://www.sat1.de/tv/newtopia/videos/1105-willst-du-ganze-folge (Zugriff am 15. November 2015). TC: 17:37.

Abbildung 9: Screenshot des Online Streams. Sexuelle Annäherungen zwischen zwei Kandidaten. Quelle: BILD. „Was „Newtopia"-Candy kann, können die auch. Raten Sie mal, wer hier Matratzensport treibt." 10. Mai 2015. http://www.bild.de/unterhaltung/tv/newtopia/wer-betreibt-hier-matratzensport-40894686.bild.html (Zugriff am 15. November 2015).

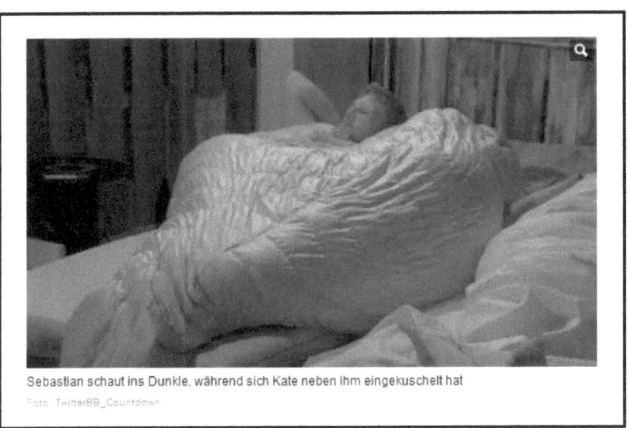

Abbildung 10: *Newtopia* Quoten: April 2015 im Überblick. Quelle: bbfun. „Wie schlägt sich das Newtopia-Ersatzprogramm?". Newtopia News. Quoten . 28. Juli 2015. http://bbfun.de/news/newtopia-2015/newtopia-quoten-sat-1-1292885151.html (Zugriff am 15. November 2015).

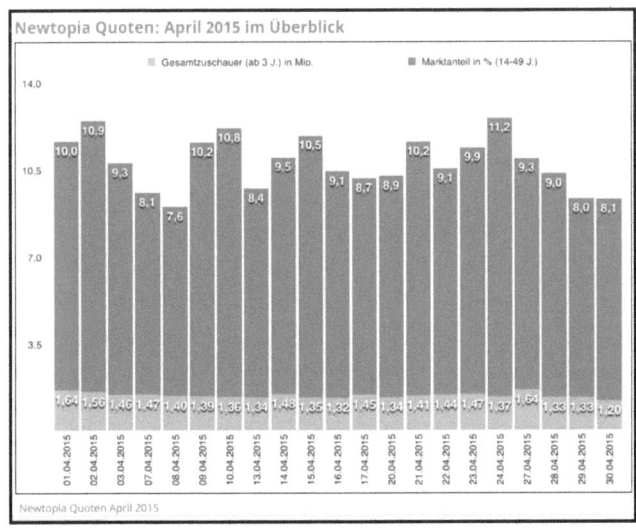

Abbildung 11: Screenshot: Kamera verfolgt Protagonistin durch die Bar. Quelle: NowTV, RTL2. *Köln 50667 (Folge 1)*. filmpool Film- und Fernsehproduktion. 7. Januar 2013. http://www.nowtv.de/rtl2/koeln-50667/koeln-50667-folge-1 (Zugriff am 15. November 2015). TC: 00:44:39.

Abbildung 12: Screenshot: Nahaufnahme – Protagonistin weint. Quelle: NowTV, RTL2. *Köln 50667 (Folge 1)*. filmpool Film- und Fernsehproduktion. 7. Januar 2013. http://www.nowtv.de/rtl2/koeln-50667/koeln-50667-folge-1 (Zugriff am 15. November 2015). TC: 00:30:18.

Abbildung 13: Screenshot: **Kamera als Beobachter hinten im Auto.** Quelle: NowTV, RTL2. *Köln 50667 (Folge 1).* filmpool Film- und Fernsehproduktion. 7. Januar 2013. http://www.nowtv.de/rtl2/koeln-50667/koeln-50667-folge-1 (Zugriff am 15. November 2015). TC: 00:09:40.

Abbildung 14: **Förderung der voyeuristischen Sehsituation durch Kamerafahrt zu den Beinen der Darsteller.** Quelle: NowTV, RTL2. *Köln 50667 (Folge 1).* filmpool Film- und Fernsehproduktion. 7. Januar 2013. http://www.nowtv.de/rtl2/koeln-50667/koeln-50667-folge-1 (Zugriff am 15. November 2015). TC: 00:12:54.

Abbildung 15: Screenshot. Subjektive Kameraperspektive. Quelle: NowTV, RTL2. *Köln 50667 (Folge 1).* filmpool Film- und Fernsehproduktion. 7. Januar 2013. http://www.nowtv.de/rtl2/koeln-50667/koeln-50667-folge-1 (Zugriff am 15. November 2015). TC: 0:27:48.

Abbildung 16: Screenshot. Darstellerin zieht sich aus. Quelle: NowTV, RTL2. *Köln 50667 (Folge 1).* filmpool Film- und Fernsehproduktion. 7. Januar 2013. http://www.nowtv.de/rtl2/koeln-50667/koeln-50667-folge-1 (Zugriff am 15. November 2015). TC: 0:12:45.

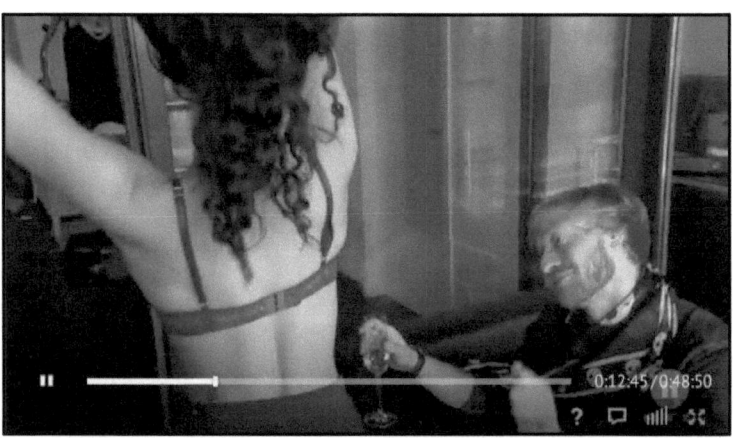